POETAS CUBANOS EN NUEVA YORK

Felipe Lázaro

POETAS CUBANOS EN NUEVA YORK

editorial **BETANIA**
Colección ANTOLOGIAS

Colección ANTOLOGIAS

Portada: DOS FORMAS, de Ernesto Briel (Nueva York, 1986).

© Felipe Lázaro Álvarez Alfonso, 1988.
Editorial BETANIA.
Apartado de Correos 50.767.
28080 Madrid. España.

© Prólogo: José Olivio Jiménez.

I.S.B.N.: 84-86662-11-7.
Depósito Legal: M-10425-1988.

Imprime: Artes Gráficas Iris, S. A.
          Sorgo, 25.
          28039 Madrid. España.

Impreso en España - Printed in Spain.

POR SUELO EXTRAÑO: POETAS CUBANOS EN NUEVA YORK

> *Y la prestada casa oscila*
> *Cual barco en tempestad: ¡en el destierro*
> *Náufrago es todo hombre, y toda casa*
> *Inseguro bajel, al mar vendido!*
>
> *¡Sólo las flores del paterno prado*
> *Tienen olor! ¡Sólo las seibas patrias*
> *Del sol amparan! Como en vaga nube*
> *Por suelo extraño se anda...*

JOSE MARTI: «Hierro»
(de *Versos libres*)

Los poetas mayores y su sombra

De José María Heredia, como es sabido, fue de quien recibimos el primer testimonio poético de Norteamérica suscrito por un cubano en el destierro: basta recordar su exaltada oda «Niágara» así como su nostálgica y airada epístola «A Emilia», enviada a la añorada amiga *desde el suelo fatal de mi destierro* y rodeado el autor *del extranjero idioma de los bárbaros sonidos.* Sin embargo será José Martí quien legítimamente se erija, en continuidad y consistencia, como fundador de la poesía hispana nacida en la ciudad de Nueva York. Aquí residirá, con pequeños intervalos, de 1880 a 1895; y aquí escribió el monto mayor de su obra lírica.

La figura paterna y fundacional de Martí arroja su luz y su vigente sombra sobre la poesía de dentro y fuera de la Isla. Sin duda, la poética de sus *Versos libres,* surgidos a borbotones desde sus angustias y terrores en la «ciudad grande», será la que más honda huella habrá de dejar en las entretelas espirituales —no se habla de tonos expresivos— de los poetas reunidos en esta antología.

Su poesía escrita en la metrópolis es auténtica poesía de

ciudad. Y a pesar de un cierto barroquismo existencial —o por ello mismo—, en sus *Versos libres* se recoge ya gran parte de las tensiones que después vendrán a informar la larga lista de libros poéticos elaborados sobre (o en) Nueva York.

La visión más completa que Martí nos dejara de los Estados Unidos hay que rastrearla en las numerosísimas crónicas que, a lo largo del decenio de 1880, iba enviando periódicamente a varios diarios hispanoamericanos. El tremendo realismo de base, y el espíritu crítico que cuando era necesario las animaba, no ocultan en esas crónicas una prosa de alta respiración poética: son, de algún modo, la *otra* faz del vigoroso lirismo martiano; y al menos la mención de esas piezas se hace imprescindible cuando se alude a la relación de nuestro poeta y la ciudad, de Martí y Nueva York.

Al igual que Heredia y Martí llegarán más tarde aquí grandes poetas de España y de Hispanoamérica: Juan Ramón Jiménez, José Juan Tablada, Federico García Lorca, Julia de Burgos, Eugenio Florit... Este último es, naturalmente, la otra gran figura fundadora de una poesía cubana escrita en Nueva York. El prosaísmo urbano de los versos que aquí escribe, su cuidado coloquialismo, y el sentido cristiano-trascendental del mundo y la existencia que preside su cosmovisión lírica han de cumplir un papel fundamental en la poesía hispánica de esta ciudad.

El canto sereno y solitario de Florit, desde Manhattan, también está cargado de cubanía, de nostalgia por la tierra abandonada, voluntariamente en su caso. Ha sido muy noble el esfuerzo hecho por Florit en recoger sin desgarramiento, y con una modulación léxica esencialmente urbana, las realidades cotidianas de la gran ciudad: su poema «Los poetas solos de Manhattan» es un texto ejemplar en este sentido.

Como continuadores de la tradición Heredia-Martí-Florit hay que situar a los nombres que se incluyen en la presente colección. Creo que, en general, se podría decir que las piezas aquí presentadas se inscriben entre la exaltación visionaria y existencial de la poesía de Martí y el ensimismamiento reflexivo del verso de Martí. Naturalmente, y a partir de esas sombras tutelares, el lenguaje y las voces poéticas de estos nuevos desterra-dos en la isla de Manhattan y sus vecindades, serán después muy variados, tanto en el tono como en las calidades hasta hoy logradas.

Y es que por fortuna, y como habría de esperarse, desde el conceptualismo culturalista de dicción concisa hasta el largo versículo de impulso bíblico de un poeta como José Kozer (a quien es un deber de justicia destacar entre los aquí agrupados), resulta muy amplia y diversa la gama temática y cromática de sus discursos poéticos. De cualquier modo hay vetas que crean una cierta unidad secreta entre todos ellos, y que indentificaremos como la angustia —serena o estremecida— del desterrado.

El exilio urbano del poeta

El poeta aparece en la poesía de ambiente urbano como un narrador solitario de sí propio, alienado y moviéndose como sombra entre la masa humana anónima e indiferente. Entonces se pregunta la razón de esa angustiosa sensación de olvido a la que está sometido, y se aísla. El escritor en un país ajeno se retira a la casa del lenguaje materno, porque en su seno se siente protegido.

Hay un testimonio de Elías Canetti (autor de origen judío-español, nacido en Bulgaria, y que escribe en alemán) que merece ser recordado aquí. Hablando de sí mismo nos dejó dicho: «Lejos de la atmósfera de su lengua (al escritor) le falta el alimento familiar de las palabras... Al poeta exiliado, si no quiere renunciar a todo lo que él es, sólo le queda una salida: respirar el nuevo aire hasta que éste signifique algo para él... Me siento en mi casa cuando, con el lápiz en la mano, escribo palabras alemanas mientras que todos los que me rodean hablan inglés».

La gran paradoja nace de que la lengua del otro, del que ha quedado en la tierra nativa, es también *su* lengua. Y así el exiliado comparte con aquellos lejanos, pero también hermanos, su manera de hablar y su sensibilidad, aunque no ciertamente sus convicciones y opiniones. Lo mismo que para el judío perseguido hablar alemán es compartir el placer de la lengua con sus persecutores, el cubano residente en Nueva York no tiene otro camino que admitir que con los poetas de su Isla, que sigue siendo su patria, tiene en común una lengua, un paisaje, una sensibilidad. Y esa comunidad sobrevive a cualquier antagonismo ideológico.

Quizá uno de los artículos más lúcidos sobre el exilio del poeta es de Jósef Wittlin, escritor polaco fallecido en Nueva York después de haber residido aquí muchos años. Su título, que no traduzco, es «The Splendor and the Squalor of Exile». El, como los poetas cubanos desterrados en Manhattan, vivió en el *destiempo* (término que crea Wittlin en su ensayo), lo cual significa estar fuera de la patria. Para este notable poeta polaco, las palabras vuelven en el exilio como materia de la memoria. Las palabras, en esa vida segunda que les concede la voz del poeta exiliado, ya no son la voz de la vida sino tan sólo su puro eco, su resonancia. Doble invención, entonces: la del lenguaje en sí, y la del mundo —interior y exterior— que ese lenguaje quisiera expresar.

Parece ser que Ovidio, en su exilio, se consolaba con la idea de que su poesía fuera leída en Roma. ¿A qué lector ideal va dirigida la voz de nuestros poetas cubanos en Nueva York? ¿A los lectores de la Isla, o a los de aquí? Desafortunadamente, aquéllos que no han podido aún penetrar en el ámbito más amplio de la poesía hispanoamericana, con sus conocidas cajas publicitarias de resonancia, están condenados a unos círculos minoritarios de lectores en los Estados Unidos, cuando no a su total olvido. Que se los venga publicando ahora en España (y esta antología lo muestra) es ya una saludable y tierna señal de rescate y redención.

Tanto Martí como Florit se sintieron los exiliados de la Historia, pero cada uno de ellos cumplió (lo cumple Florit aún) su destino de voceros de nuestra poesía, a la vez que realizaron su propio proyecto vital: trágico y glorioso en uno, sereno y ahondador en el otro. Del mismo modo, los poetas cubanos que hoy escriben en Nueva York vienen a ser los

continuadores de este canto común que es la poesía cubana
del exilio; y también, siquiera precariamente a veces, van
tratando de ganarse y afirmarse, dignamente, su lugar bajo el
sol nuevo y sobre el suelo extraño. Por ello la sensación
dolorosa de ser doblemente desterrados, de su país y de la
actual sociedad de adopción, se puede detectar tanto en los
poetas fundadores como en los que se han visto obligados
a seguirlos —en los tiempos presentes— en el fatal camino
del destierro.

Poetas cubanos en Nueva York (y su testimonio de hoy)

Ni están conmigo mis poetas / ni mis palmas, afirmaba
con nostalgia Eugenio Florit hace algunos años: ésa es la
orfandad última de nuestra poesía escrita en Nueva York, la
del paisaje y la de la lengua viva.

Cuba es para Jorge Valls, igualmente, la nostalgia de un
paisaje, paradigma y paraíso para un retorno improbable:

> Tierra febril y mansa, greda mía,
> tan perforada de música y almíbar,
> tan de palmeras coronada.

En verdad, el retorno a Cuba parecería no ser ya una
preocupación obsesiva para los poetas aquí convocados. Podría verse más bien, en la imagen de la patria, esa posibilidad de construir un mito edénico perdido, que a veces se
identifica con la propia inocencia de la idiosincrasia cubana.
Y he escrito la palabra *inocencia,* conjurada tal vez por el recuerdo de estos hermosos versos de Rafael Bordao:

> heme aquí conjeturando mi alegría
> en medio de tanta inocencia mancillada
> latiendo de libertad

Constatación del ultraje pero, también, afirmación (¿deses-
perada?) en la alegría (¿ciega o confiada?) de la libertad. Todo
junto, porque el poeta no se resigna a la derrota.

Muchos de los autores que aquí aparecen, los más jóvenes, no pueden participar de una concreta o afincada nostalgia del retorno, porque para ellos Cuba únicamente significa una entidad utópica que sólo vive en el lenguaje y, si acaso, en unas cuantas fotografías y en interminables conversaciones entre amigos y familiares. A pesar de la indiscutible realidad de la Isla, la nostalgia de algunos de esos jóvenes es más bien la constatación de una ausencia, de una patria fantasmal que parece destinada a seguir siéndolo.

No es nada de extrañar que unos cuantos, entre ellos, se retiren a un ensimismamiento existencial y nocturno. Como aplicándose aquellos conocidos versos de Martí —*Dos patrias tengo yo: Cuba y la noche...*—, al haber desaparecido el país natal como posibilidad para el regreso, nuestros poetas residentes en Nueva York se han quedado en el ámbito de la noche y en la casa del lenguaje materno para.... *atravesar las aguas de la tierra / y conocer la soledad secreta de la lengua* (escribe Maya Islas).

De aquella Cuba que Martí y Florit pudieron pensar en toda su fuerza expresiva, real, y desde las vivencias frescas que ellos habían podido transmitirnos, hemos pasado a una visión espectral, signada por la muerte, en el recuerdo poético. José Corrales lo resume así:

La memoria se escurre
entre ahogados y suicidas
y toda clase de muertos

Martí ya nos entregaba, en los versos del poema citado al principio de estas notas, la imagen del exiliado como un náufrago. Y es precisamente esto lo que les preocupa a nuestros poetas: ese estar abandonados en el mar de la memoria histórica, huérfanos de una tierra y de un espacio —paisaje, aire, palabra libre— que pudiera ser más genuinamente nuestro. Un espacio donde vida, naturaleza y lenguaje llegasen a tener consistencia, sentido y continuidad emocional. Un espacio con toda la rotundidad ontológica de una patria verdadera.

Lo que emerge de una lectura de los textos aquí compilados es una profunda sensación, casi misteriosa, de que la escisión que significa para estos poetas el verse separados de su país, se les ha convertido, a un nivel personal, en una fragmentación de la propia identidad. De este modo, la super-posición de una imagen de la tierra que no se puede definiti-vamente abandonar, se asocia a veces con la pérdida del amor, la soledad urbana y el angustioso sentimiento del des-amparo. Así lo expresa Alina Galliano:

> De una Isla
> jamás
> nadie se escapa
> es como una mujer
> de la cual nunca
> podemos deshacernos
> por completo;
> su verde
> nos retiene abiertamente
> fuera de todo amor
> logra existirnos
> ser algo de la calle
> y de la gente.

La mujer parece recibir doblemente el impacto del destie-rro, puesto que dentro de la dinámica de una sociedad ma-chocéntrica tiene que defender —además del aislamiento que significa el ser poeta y exiliada— la legitimación de una voz propia y de una imagen que no le venga impuesta por los hombres. En tal sentido es de celebrar el buen número de poetas mujeres que aparecen en esta antología.

Lourdes Gil, en su «Balada de la mujer con espejo», nos presenta precisamente esa mujer desdoblada y fragmentada en su propio reflejo:

> Los bravos muslos iban partiendo las ondas
> al espejo, iban los labios
> mordiendo al corazón las alas

Son versos que alcanzan toda la reciedumbre expresionis-ta y visionaria del Martí de los *Versos libres* (e incluso una simbología afín a la suya). Y es que la voz de ese Martí, angustiado y roto, parece resonar también en esta cantera femenina de los poetas cubanos en Nueva York.

El esplendor y las miserias del exilio son también el brillo y la opacidad del primer destierro bíblico. Creo que nos debe emocionar la dignidad, la falta de rencor y el respeto hacia la poesía que, en general, se descubre en los hombres y mujeres que recoge este libro. Hay que felicitarse, en última instancia, de que por encima de los rugidos de la bestia histórica suene, aunque naturalmente modulado en tonos diversos, el sonido de la poesía cubana del exilio como un todo armónico. Un conjunto que quiere afirmarse en el campo más vasto de la poesía hispánica; y que igualmente se empeña en afirmar la necesidad y la hermosura, no importa que a veces desgarrada, de la palabra en libertad.

JOSE OLIVIO JIMENEZ
Nueva York, noviembre de 1987

JOSE MARIA HEREDIA

NIAGARA

Dadme mi lira, dádmela que siento
en mi alma estremecida y agitada,
arder la inspiración. ¡Oh, cuánto tiempo
en tinieblas pasó, sin que mi frente
brillase con su luz!... Niágara undoso,
sólo tu faz sublime ya podría
tornarme el don divino, que ensañada,
me robó del dolor la mano impía.

Torrente prodigioso, calma, acalla,
tu trueno aterrador: disipa un tanto
las tinieblas que en torno te circundan,
y déjame mirar tu faz serena,
y de entusiasmo ardiente mi alma llena.
Yo digno soy de contemplarte: siempre
lo común y mezquino desdeñando,
ansié por lo terrífico y sublime.
Al despeñarse el huracán furioso,
al retumbar sobre mi frente el rayo,
palpitando gocé: ví al océano,
azotado por austro proceloso,
combatir mi bajel, y ante mis plantas
sus abismos abrir, y amé el peligro,
y sus iras amé: mas su fiereza
en mi alma no dejara
la profunda impresión que tu grandeza.

Corres sereno, y majestuoso, y luego
en ásperos peñascos quebrantado,
te abalanzas violento, arrebatado,
como el destino irresistible y ciego.

¿Qué voz humana describir podría
de la sirte rugiente
la aterradora faz? El alma mía

en vago pensamiento se confunde
al contemplar la férvida corriente,
que en vano quiere la turbada vista
en su vuelo seguir al borde oscuro
del precipicio altísimo: mil olas,
cual pensamiento rápidas pasando,
chocan, y se enfurecen;
otras mil, y otras mil ya las alcanzan,
y entre espuma y fragor desaparecen.

    Mas llegan... saltan... El abismo horrendo
devora los torrentes despeñados;
crúzanse en él mil iris, y asordados
vuelven los bosques el fragor tremendo.
Al golpe violentísimo en las peñas
rómpese el agua, salta y una nube
de revueltos vapores
cubre el abismo en remolinos, sube,
gira en torno, y al cielo
cual pirámide inmensa se levanta,
y por sobre los bosques que le cercan
al solitario cazador espanta.

    Mas, ¿qué en ti busca mi anhelante vista
con inquieto afanar? ¿Por qué no miro
alrededor de tu caverna inmensa
las palmas ¡ay! las palmas deliciosas,
que en las llanuras de mi ardiente patria
nacen del sol a la sonrisa, y crecen,
y al soplo de las brisas del océano
bajo un cielo purísimo se mecen?

    Este recuerdo a mi pesar me viene...
Nada ¡oh Niágara! falta a tu destino,
ni otra corona que el agreste pino
a tu terrible majestad conviene.
La palma, y mirto, y delicada rosa,
muelle placer inspiren y ocio blando
en frívolo jardín; a ti la suerte
guardó más digno objeto y más sublime.

El alma libre, generosa, fuerte,
viene, te ve, se asombra,
menosprecia los frívolos deleites,
y aun se siente elevar cuando te nombra.

¡Dios, Dios de la verdad! En otros climas
vi monstruos execrables,
blasfemando tu nombre sacrosanto,
sembrar terror y fanatismo impío,
los campos inundar en sangre y llanto,
de hermanos atizar la infanda guerra,
y desolar frenéticos la tierra.
Vílos, y el pecho se inflamó a su vista
en grave indignación. Por otra parte
vi mentidos filósofos que osaban
escrutar tus misterios, ultrajarte,
y de impiedad al lamentable abismo
a los míseros hombres arrastraban.
Por eso siempre te buscó mi mente
en la sublime soledad: ahora
entera se abre a ti; tu mano siente
en esta inmensidad que me circunda,
y tu profunda voz baja a mi seno
de este raudal en el eterno trueno.

¡Asombroso torrente!
¡Cómo tu vista el ánimo enajena
y de terror y admiración me llena!
¿Dó tu origen está? ¿Quién fertiliza
por tantos siglos tu inexhausta fuente?
¿Qué poderosa mano
hace que al recibirte,
no rebose en la tierra el océano?

Abrió el Señor su mano omnipotente,
cubrió tu faz de nubes agitadas,
dio su voz a tus aguas despeñadas,
y ornó con su arco tu terrible frente.
Miro tus aguas que incansables corren,
como el largo torrente de los siglos
rueda en la eternidad... ¡Así del hombre

pasan volando los floridos días,
y despierta al dolor!... ¡Ay! agostada
siento mi juventud, mi faz marchita,
y la profunda pena que me agita
ruga mi frente de dolor nublada.

Nunca tanto sentí como este día
mi mísero aislamiento, mi abandono,
mi lamentable desamor... ¿Podría
un alma apasionada y borrascosa
sin amor ser feliz?... ¡Oh! ¡si una hermosa
digna de mí me amase,
y de este abismo al borde turbulento
mi vago pensamiento
y mi andar solitario acompañase!
¡Cuál gozara al mirar su faz cubrirse
de leve palidez, y ser más bella
en su dulce terror, y sonreírse
al sostenerla mis amantes brazos!...
¡Delirios de virtud!... ¡Ay! desterrado,
sin patria, sin amores,
sólo miro ante mí, llanto y dolores.

¡Niágara poderoso!
oye mi última voz: en pocos años
ya devorado habrá la tumba fría
a tu débil cantor. ¡Duren mis versos
cual tu gloria inmortal! ¡Pueda piadoso
al contemplar tu faz algún viajero,
dar un suspiro a la memoria mía!
Y yo, al hundirse el sol en occidente,
vuele gozoso do el Creador me llama,
y al escuchar los ecos de mi fama,
alce en las nubes la radiosa frente!

Junio de 1824. (Según la edición de 1825.)

A EMILIA

Desde el suelo fatal de mi destierro,
tu triste amigo, Emilia deliciosa,
te dirige su voz; su voz que un día
en los campos de Cuba florecientes
virtud, amor y plácida esperanza,
cantó felice, de tu bello labio
mereciendo sonrisa aprobadora,
que satisfizo su ambición. Ahora
sólo gemir podrá la triste ausencia
de todo lo que amó, y enfurecido
tronar contra los viles y tiranos
que ajan de nuestra patria desolada
el seno virginal. Su torvo ceño
mostróme el despotismo vengativo,
y en torno de mi frente acumulada
rugió la tempestad. Bajo tu techo
la venganza burlé de los tiranos.
Entonces tu amistad celeste, pura,
mitigaba el horror a los insomnios
de tu amigo proscripto y sus dolores.
Me era dulce admirar tus formas bellas
y atender a tu acento regalado,
cual lo es al miserable encarcelado
el aspecto del cielo y las estrellas.
Horas indefinibles, inmortales,
de angustia tuya y de peligro mío,
¡cómo volaron! — Extranjera nave
arrebatóme por el mar sañudo;
cuyas oscuras, turbulentas olas,
me apartan ya de playas españolas.

Heme libre por fin: heme distante
de tiranos y siervos. Mas, Emilia,
¡qué mudanza cruel! Enfurecido
brama el viento invernal: sobre sus alas
vuela y devora el suelo desecado
el hielo punzador. Espesa niebla
vela el brillo del sol, y cierra el cielo,
que en dudoso horizonte se confunde

con el oscuro mar. Desnudos gimen
por doquiera los árboles la saña
del viento azotador. Ningún ser vivo
se ve en los campos. Soledad inmensa
reina y desolación, y el mundo yerto
sufre de invierno cruel la tiranía.
¿Y es ésta la mansión que trocar debo
por los campos de luz, el cielo puro,
la verdura inmortal y eternas flores,
y las brisas balsámicas del clima
en que el primero sol brilló a mis ojos
entre dulzura y paz?... — Estremecido
me detengo, y agólpanse a mis ojos
lágrimas de furor... ¿Qué importa? Emilia,
mi cuerpo sufre, pero mi alma fiera
con noble orgullo y menosprecio aplaude
su libertad. Mis ojos doloridos
no verán ya mecerse de la palma
la copa gallardísima, dorada
por los rayos del sol en occidente;
ni a la sombra del plátano sonante,
el ardor burlaré del medio día,
inundando mi faz en la frescura
que expira el blando céfiro. Mi oído,
en lugar de tu acento regalado,
o del eco apacible y cariñoso
de mi madre, mi hermana y mis amigas,
tan sólo escucha de extranjero idioma,
los bárbaros sonidos: pero al menos,
no lo fatiga del tirano infame
el clamor insolente, ni el gemido
del esclavo infeliz, ni del azote
el crujir execrable que emponzoñan
la atmósfera de Cuba. ¡Patria mía,
idolatrada patria! tu hermosura
goce el mortal en cuyas torpes venas
gire con lentitud la yerta sangre,
sin alterarse al grito lastimoso
de la opresión. En medio de tus campos
de luz vestidos y genial belleza,
sentí mi pecho férvido agitado

por el dolor, como el Océano brama
cuando lo azota el norte. Por las noches,
cuando la luz de la callada luna
y del limón el delicioso aroma,
llevado en alas de la tibia brisa
a voluptuosa calma convidaban,
mil pensamientos de furor y saña
entre mi pecho hirviendo, me nublaban
el congojado espíritu y el sueño
en mi abrasada frente no tendía
sus alas vaporosas. De mi patria
bajo el hermoso y desnublado cielo,
no pude resolverme a ser esclavo,
ni consentir que todo en la natura,
fuese noble y feliz, menos el hombre.
Miraba ansioso al cielo y a los campos
que en derredor callados se tendían,
y en mi lánguida frente se veían
la palidez mortal y la esperanza.

    Al brillar mi razón, su amor primero
fue la sublime dignidad del hombre,
y al murmurar de patria el dulce nombre,
me llenaba de horror el extranjero.
¡Pluguiese al cielo, desdichada Cuba,
que tu suelo tan sólo produjese
hierro y soldados! La codicia ibera
no tentáramos, ¡no! Patria adorada,
de tus bosques el aura embalsamada,
es al valor, a la virtud funesta.
¿Cómo viendo tu sol radioso, inmenso,
no se inflama en los pechos de tus hijos
generoso valor contra los viles
que te oprimen audaces y devoran?

    ¡Emilia! ¡dulce Emilia! la esperanza
de inocencia, de paz y de ventura,
acabó para mí. ¿Qué gozo resta
al que desde la nave fugitiva

en el triste horizonte de la tarde
hundirse vio los montes de su patria
por la postrera vez? A la mañana
alzóse el sol, y me mostró desiertos
el firmamento y mar... ¡Oh! ¡cuán odiosa
me pareció la mísera existencia!
Bramaba en torno la tormenta fiera
y yo sentado en la agitada popa
del náufrago bajel, triste y sombrío,
los torvos ojos en el mar fijando,
meditaba de Cuba en el destino
y en sus tiranos viles, y gemía,
y de rubor y cólera temblaba,
mientras el viento en derredor rugía,
y mis sueltos cabellos agitaba.

¡Ah! también otros mártires...¡Emilia!
doquier me sigue en ademán severo,
del noble Hernández la querida imagen.
¡Eterna paz a tu injuriada sombra,
mi amigo malogrado! Largo tiempo
el gran flujo y reflujo de los años,
por Cuba pasará sin que produzca
otra alma cual la tuya, noble y fiera.
¡Víctima de cobardes y tiranos,
descansa en paz! Si nuestra patria ciega,
su largo sueño sacudiendo, llega
a despertar a libertad y gloria,
honrará, como debe, tu memoria.

¡Presto será que refulgente aurora
de libertad sobre su puro cielo
mire Cuba lucir! Tu amigo, Emilia,
de hierro fiero y de venganza armado,
a verte volverá, y en voz sublime
entonará de triunfo el himno bello.
Mas si en las lides enemiga fuerza
me postra ensangrentado, por lo menos
no obtendrá mi cadáver tierra extraña,
y regado en mi féretro glorioso
por el llanto de vírgenes y fuertes,

me adormiré. La universal ternura
excitaré dichoso y enlazada
mi lira de dolores con mi espada,
coronarán mi noble sepultura.

(1824)

A MI ESPOSA

Cuando en mis venas férvidas ardía
la fiera juventud, en mis canciones
el tormentoso afán de mis pasiones
con dolorosas lágrimas vertía.

Hoy a ti las dedico, esposa mía,
cuando el amor, más libre de ilusiones,
inflama nuestros puros corazones,
y sereno y de paz me luce el día.

Así perdido en turbulentos mares
mísero navegante al cielo implora,
cuando le aqueja la tormenta grave;

y del naufragio libre, en los altares
consagra fiel a la deidad que adora
las húmedas reliquias de su nave.

(1832)

JOSE MARTI

AMOR DE CIUDAD GRANDE

De gorja son y rapidez los tiempos.
Corre cual luz la voz; en alta aguja,
Cual nave despeñada en sirte horrenda,
Húndese el rayo, y en ligera barca
El hombre, como alado, el aire hiende.
¡Así el amor, sin pompa ni misterio
Muere, apenas nacido, de saciado!
¡Jaula es la villa de palomas muertas
Y ávidos cazadores! ¡Si los pechos
Se rompen de los hombres, y las carnes
Rotas por tierra ruedan, no han de verse
Dentro más que frutillas estrujadas!

Se ama de pie, en las calles, entre el polvo
De los salones y las plazas; muere
La flor el día en que nace. Aquella virgen
Trémula que antes a la muerte daba
La mano pura que a ignorado mozo;
El goce de temer; aquel salirse
Del pecho el corazón; el inefable
Placer de merecer; el grato susto
De caminar de prisa en derechura
Del hogar de la amada, y a sus puertas
Como un niño feliz romper en llanto;
Y aquel mirar, de nuestro amor al fuego,
Irse tiñendo de color las rosas,
¡Ea, que son patrañas! Pues ¿quién tiene
Tiempo de ser hidalgo? ¡Bien que sienta,
Cual áureo vaso o lienzo suntuoso,
Dama gentil en casa de magnate!
¡O si se tiene sed, se alarga el brazo
Y a la copa que pasa se la apura!
¡Luego, la copa turbia al polvo rueda,
Y el hábil catador —manchado el pecho
De una sangre invisible— sigue alegre
Coronado de mirtos, su camino!

¡No son los cuerpos ya sino desechos
Y fosas, y jirones! ¡Y las almas
No son como en el árbol fruta rica
En cuya blanda piel la almíbar dulce
En su sazón de madurez rebosa,
Sino fruta de plaza que a brutales
Golpes el rudo labrador madura!

¡La edad es ésta de los labios secos!
¡De las noches sin sueño! ¡De la vida
Estrujada en agraz! ¿Qué es lo que falta
Que la ventura falta? Como liebre
Azorada, el espíritu se esconde,
Trémulo huyendo al cazador que ríe,
Cual en soto selvoso, en nuestro pecho;
Y el deseo, de brazo de la fiebre,
Cual rico cazador recorre el soto.

¡Me espanta la ciudad! Toda está llena
De copas por vaciar, o huecas copas.
¡Tengo miedo ¡ay de mí! de que este vino
Tósigo sea, y en mis venas luego
Cual duende vengador los dientes clave!
¡Tengo sed; mas de un vino que en la tierra
No se sabe beber! ¡No he padecido
Bastante aún, para romper el muro
Que me aparta ¡oh dolor! de mi viñedo!
¡Tomad vosotros, catadores ruines
De vinillos humanos, esos vasos
Donde el jugo de lirio a grandes sorbos
Sin compasión y sin temor se bebe!
¡Tomad! ¡Yo soy honrado, y tengo miedo!

New York, abril de 1882

BIEN: YO RESPETO...

Bien: yo respeto
A mi modo brutal, un modo manso
Para los infelices e implacable
Con los que el hambre y el dolor desdeñan,
Y el sublime trabajo, yo respeto
La arruga, el callo, la joroba, la hosca
Y flaca palidez de los que sufren.
Respeto a la infeliz mujer de Italia,
Pura como su cielo, que en la esquina
De la casa sin sol donde devoro
Mis ansias de belleza, vende humilde
Piñas dulces y pálidas manzanas.
Respeto al buen francés, bravo, robusto,
Rojo como su vino, que con luces
De bandera en los ojos, pasa en busca
De pan y gloria al Istmo donde muere.

EUGENIO FLORIT

LOS POETAS SOLOS DE MANHATTAN

El poeta cubano Alcides Iznaga vino a Nueva York, de paseo, en agosto de 1959. A su regreso a Cienfuegos me envió un poema, *Estamos solos en Manhattan,* al que contesté con estos versos:

Mi muy querido Alcides Iznaga:
es cierto que ni Langston Hughes ni yo estábamos en casa.
Porque Langston, que vive con sus negros,
también baja hasta el centro.
Y yo, cuando llamaste por teléfono,
o mejor dicho, pasaste por mi casa,
estaba lejos, en el campo,
yo que vivo con mis blancos.
Pero es que aquí, por aquí arriba,
lo mismo da que vivas
en la calle 127
o en el número 7
de la Avenida del Parque.
Aquí todos andamos solos y perdidos,
todos desconocidos
entre el ruido
de trenes subterráneos, y de bombas de incendio,
y de sirenas de ambulancias
que tratan de salvar a los suicidas
que se tiran al río desde un puente,
o a la calle desde su ventana,
o que abren las llaves del gas,
o se toman cien pastillas para dormir
—porque, como no se han encontrado todavía,
lo que desean es dormir y olvidarse de todo—,
olvidarse de que nadie se acuerda de ellos,
de que están solos, terriblemente solos entre la multitud.

Ya ves, a Langston Hughes me lo encontré a fines de
[agosto
en un cóctel del *Pen Club,*
muy cortés y muy ceremonioso
y muy vestido de azul.

Y luego pasan los años, y lo más, si acaso,
nos cambiamos un libro: «Inscribed for my dear friend...»
«Recuerdo muy afectuoso...», etc.
Y así nos vamos haciendo viejos
el poeta negro
y el poeta blanco,
y el mulato y el chino y todo bicho viviente.
Como se irán haciendo viejos
ustedes, los amigos de Cienfuegos;
los que aquel día inolvidable de febrero
(1955) me llevaron al Castillo de Jagua
donde me hizo temblar de emoción una vicaría (*)
que me salió al encuentro entre las piedras.
Lo que pasa,
mi muy querido Alcides Iznaga,
es que aquí no hay vicarías,
ni Castillo de Jagua,
ni están conmigo mis poetas
ni mis palmas («Las palmas, ay...»)
ni las aguas azules de la bahía de Cienfuegos
ni las de la bahía de La Habana.
Aquí sólo las aguas perezosas y tristes
de los ríos que ciñen a Manhattan...

(*)   Una planta de Cuba, de flores blancas o violáceas, muy corrientes.

Poetas cubanos en Nueva York

PRESENTACION

Quiero agradecer al profesor José Olivio Jiménez su gentileza al aceptar escribir el prólogo de esta antología, que reúne a los poetas cubanos residentes en Nueva York.

También mi reconocimiento al poeta Rafael Bordao, quien desde la *gran manzana* coordinó este proyecto, y a todos los poetas que me remitieron sus poemas y datos biográficos, por lo que la selección antológica es de mi entera responsabilidad.

Esta corta presentación me permite incluir los poemas de José María Heredia, de José Martí y de Eugenio Florit, poetas cubanos que residieron en Nueva York y que, a todas luces, enriquecen la antología.

Con esta antología de *POETAS CUBANOS EN NUEVA YORK* dejamos constancia de nuestra gratitud a esa gran ciudad, que en todos los tiempos acogió a los cubanos desterrados, alcanzando así el principal objetivo que nos motivó al iniciar esta obra.

Felipe Lázaro
Madrid, diciembre 1987.

ANTONIO A. ACOSTA

Nació en Consolación del Sur, Pinar del Río. Doctor en Pedagogía por la Universidad de La Habana y Master of Arts en Monclair State College de New Jersey. Su experiencia profesoral, tanto en Cuba como en los Estados Unidos, es muy amplia como profesor de Español y Matemáticas.

Actualmente enseña en el Hudson County Community College y en el Essex County College, ambos, en New Jersey, donde reside, y dirige la revista *IBERAMERICA*.

BIBLIOGRAFIA: *José Martí y Rubén Darío como precursores del Modernismo Literario* (La Habana, 1956), *Mis Poemas de Otoño* (New Jersey, 1982), *Imágenes* (New York, 1985) y *La Inquietud del Ala* (Barcelona, 1986).

OTRO SOL DIFERENTE

Ausencias, nostalgias, ideas al viento
en un escenario inapropiado.
Horizonte de sombras; silencio sin paz.
Estoica agonía de la palma,
y el calor antillano debajo de la piel.
El brazo de Liborio,
que ayer hizo historia, reclamando vigencia,
y alzando su bandera una y otra vez.
Sin embargo, todo parece estático;
hasta la acción misma perdió la distancia,
y sólo le interesa faenas de week-end.
—Hermano, es vital tu concurso en todo esto,
porque el deber no es la tarea de los débiles.
Frente a cada miseria humana, al olvido culpable;
a la indiferencia, al monopolio del hombre,
la voz acusadora; demanda por justicia
y el verbo sin doblez.
Recuerda, el reloj te apremia; la campiña espera,
y otro sol diferente reclama tu presencia.

LA INQUIETUD DEL ALA

¿Para qué te platico de estas cosas
si hablamos lenguajes diferentes?
¿Qué sabes tú del cántico sublime de las olas
con su catarata de secretos,
y de estas orillas
refugio de la violencia de los tiempos?
Aquí, donde les crecen espigas a los sueños
y les nacen oídos ocultos a las rocas
con la confidente corriente de las aguas.
Pero, ¡qué lástima que tú no veas en la noche
más que sombras
y no sientas la música al volar de una alondra!
Tú te percatas apenas de las cosas tangibles,
y nunca has visto una quimera azul
dibujada en la desnudez de una esperanza.
Eres un ser humano de fronteras cercanas
y para ti estas sutilezas no valen casi nada.
Parece que tú y yo vivimos en mundos diferentes;
tú, con tu belleza inútil, plástica y vacía.
Yo, con la quietud del ala,
buscando un nuevo horizonte cada día...

TODO PARECE IGUAL

La insistencia del agua rayando las orillas
y el río mojando las faldas del vetusto puente.
Camarones y truchas navegando al garete
en furiosa corriente,
y todo parece igual que antes;
las garzas escuálidas rondando los escombros...,
y tan campantes.
El viento sotanero
soplando el leve rocío de un débil ciruelo
con la misma cadencia y renovados bríos.
Las codornices se mecían
en un frágil gajo de guayabo cotorrera,
y una adormecida pareja de chipojos
cambiaban sus matices
a la sombra de un copioso limonero.
En el tronco de un mango milenario
escarbaba un perro ratonero
a la caza de un ratonzuelo solitario.
En el arroyo de malaguetas y hongos incipientes
una pálida anguila danzaba su esqueleto largo,
mientras que el viento sureño sacudía el ramaje
de un cundiamor amargo.
En la laguna, rodeada de patos y de ranas
cantaban armoniosos los grillos mañaneros.
—Allá, en el bohío, un campesino viejo,
doblado en su pobreza y en sus penas
inventaba acordes con su guitarra buena,
y rascando ansioso sus timbradas arterias,
clamaba por justicia en la faz de la tierra...

DE GRIS

De gris se ha trocado mi verde esperanza;
de gris se han pintado mis ansias sin color.
Grises son las alas de mi alondra sin nido;
gris es mi clamor, y gris es la bala
que solapadamente penetró en mi olvido.
Grises son los sueños de un ayer sin pasado
grises son los acordes de mi canto bohemio.
Grises son las tardes de mi andar en sombras
y gris es el teclado de mi mundo pequeño.
Gris es el traje de mi esquiva suerte,
y gris será el hueco de mi sepulcro frío.
Gris es el presagio de mi oscura muerte,
gris es mi silencio, y gris es mi vacío...

CON LA MISMA ARCILLA

Esta vez se acorta el tiempo
en la distancia,
para andar a tientas el resto del camino,
buscando luz y almacenando sombras.
Más allá del silencio,
el viento sacudiendo los sepulcros
en un festival de remolinos.
En el horizonte, amenazante,
el oscuro ojo de la noche.
Más acá, el mar galopando hacia la orilla;
y al final, la tierra cubriendo los despojos,
con los mismos moldes, y la misma arcilla.

FRONTERAS DE AGONIA

Dimensión sin contornos,
distancia inmensurable;
blancas colinas, cúspides
ajenas y nocturnas.
Grutas isotéricas
colgando lágrimas de tiempo.
Pureza de cristal que incita
a la ternura y al reposo.
Grilletes cavernícolas
enchapados con capas de hidalguía
y dorados dientes de pirañas.
Instintos de lobo vestidos de etiqueta,
falsedad, boato de epidermis.
Lisonja de reptil
que destila un virus macilento
buscando la dádiva humillante;
y todo, ¿para qué?
Para seguir engordando
a los vampiros de las tripas largas.
Para los otros, los ricos de pobreza,
la repugnante impotencia de los días,
el desprecio de siglos,
el dolor sin fronteras,
y la misma crónica agonía...

EL DOGMA DE LA PIEDRA

Un viejo pueblo sin memoria;
aquella sonrisa herida de tristeza,
fue un místico canto a la belleza
sin reconocimiento y sin historia.

Todavía el muro de roca que nadie construyó
y el antiguo misterio que lo toca,
y la frase trunca que la emoción ahogó.

La noche escondida
en el macabro cementerio de los vivos;
porque la noche, al fin, todo lo olvida.

El dogma de la piedra que doblegó la espiga,
y un día espiga y piedra en polvo se volvieron.

La mañana asustada se vistió de amarillo;
les brotaron espinas a las horas,
y las blancas manos en dimensión de caricias,
de afilados cuchillos se hicieron portadoras.

Un río de amargura contamina las vísceras,
donde sólo ya queda un pertinaz latido,
como un atentado a la cordura,
y un sordo lamento por los años perdidos.

DE ESTE LADO DEL MAR

De este lado del mar
el tiempo toma prisa;
se enferma el esperar
y se hace difícil sonreír.

De este lado del mar
se teme más a la muerte,
si aún no se ha cumplido
con la ardua tarea de vivir.

Y qué triste será decir adiós
en estas playas diferentes,
y que en ningún oído
retumbe el eco de tu voz.

Las hojas caídas ya hoy nada son.
Todo se ha hecho polvo,
las flores, las espigas,
las palmas y el danzón;
se ha hecho polvo el amor.
Sólo queda el consuelo
que después del adiós,
todavía quede viva la canción...

MAGALI ALABAU

Nació en Cienfuegos en 1945. Reside en Nueva York desde 1967. En esta ciudad ha participado activamente en el movimiento teatral hispano. Estudió en Hunter College, City University of New York.

BIBLIOGRAFIA: *Electra, Clitemnestra* (Santiago de Chile, 1986), *La Extremaunción Diaria* (Barcelona, 1986) y *Ras* (New York, 1987). Ha sido antologada en la *Poesía Cubana Contemporánea* (Madrid, 1986).

VAMOS

Vamos a recorrer los cuartos en que anduvimos
juntas
las casas,
las sombras,
la noche, el mosquitero,
los zumbidos. También la madrugada
y los patios.
Había dos patios, uno grande donde las gallinas
y las chivas y el perro caminaban,
había el pequeñito cementerito verde
donde entre dos o tres matas de clavel
nacían ajos.
Había una ventana y mirábamos
y de ella al patio un tramo.
Imaginemos un autobús
solitario que nos pasea entre los cuartos.
La sala
entramos. Se esconden las caras al vernos llegar.
El sillón dando vueltas. Nos sentamos.
Lo imaginamos de carrousel y polvo
Abrimos la ventana y la otra ventana
y cerramos las ventanas
Los muebles son negros.
La mesa tiene mantelitos bordados
observamos los muñecos,
la bailarina y el elefante
la jirafa y los tres reyes mosqueteros.
La peluquería improvisada, los cepillos
la acetona, los algodones
el pelo cortado en el piso es la alfombra,
los espejos, tú y yo.
Los bombillos arriba y te digo:
no enciendas la luz, las cucarachas bailan,
los patines tirados, dos de un mismo pie
La saleta guarda los fantasmas

que se esconden detrás del sofá y el radio callado
dice que es de noche.

       No puedo seguir en este recorrido
Aquí entro. Abro las dos o tres cartas
que anuncian objetos perdidos.
La llave se traba.
La puerta habla bajito. La luz apagada,
una pequeña llama.
El baño, los cigarros,
la falta de vino para recordar los pasos,
el tilo, la cama.
Quiero recordarte, pero escapas.
La noche hace acordarme
que te hubiera traído
a un país diferente. Como si la enfermedad
escapara por la ventanilla de un avión.
Se puede traer el recuerdo, dormirlo
entre los años, despertarlo,
quererlo aparecer en un poema,
en una carta, hacerle una visita
como a un presidiario.
Siento que tenemos que hurgar
como si en la saleta hubiera un tesoro enterrado,
como si tuviéramos que escribir una pequeña historia,
hacer una islita en el patio,
estirar las ramas y vernos como dos plantas
encaramándose en el aire.
La casa tiene sus limitaciones.
Es una isla. La cocina es de abuela,
el baño de todos
el comedor de abuelo,
la sala de mi madre
y los dos cuartos nos pertenecen
y nos cortan el paso.
Caminamos como las luciérnagas,
tuertas las dos paseando,

mirando los percheros, el almidón,
la naftalina.
La casa la hubiéramos abandonado en cualquier momento.
Se abriría la nevera,
se arrimarían las sillas,
trataríamos de recordar los almuerzos,
pero no hay vino y el recuerdo
permanece acorazado en el vaso de agua.

Es inútil que trate
No tengo emociones
soldados capaces de saltar.
Sé que todos se iban cuando regresábamos.
Sé que todos cerraban las puertas y nos lanzaban
como pedradas a la calle que era la sala.
Pero la calle nos empujaba hacia adentro
y nos sacaba la lengua
Hacía muecas, abría el molar.
Los muebles nos escondían y se murmuraba:
«la guerra está a punto de estallar».
Los aviones en el parque y los sonámbulos
los soldados echaban balas a la acera,
tirémosnos al piso, arrastrémosnos,
detrás del sofá. Con tu lengua pinto mi nombre
en ti. Empecemos a tocar el piso a ver si nos abren.
Las balas se mueven rápidamente entre las cabezas.
Las muñecas están por ahí, agarrémoslas, arrastrémoslas,
que toquen las puertas ellas.
Se van asomando a la puerta. Sí, quisieran
que en esta batalla hubiéramos muerto.
Nos sentamos detrás del sofá a peinarnos,
a maquillarnos, a ponernos las flores y los
algodones en la cabeza.
Registran los baúles, el radio, no estamos.
¿Quiénes son los invisibles?

Pero estamos acostadas en mi cama

gemelas, uniformes, confesándonos,
una en el cielo y otra en el infierno.
Estamos acostadas en un frío
y sin colchas frente a un poderoso ojo
que me mira insolente,
mientras dices: «Ya pasó».
Yo te explico que tuve que abandonarte,
que no hice la confesión clara
que quise pensar que no sabías,
que puse la expresión escéptica
y pensé que eras un cuerpo, un solo cuerpo,
que no sabías,
que no notarías la visita dominical,
que no podías contar los días
ni los rostros, ni la expresión
de desesperación intensa.
Que no importaba, que mi otra hermana,
nuestra otra hermana,
tomaría mi lugar.
Ahora estás sin cuerpo y yo sin alma,
en la cama, confesándonos
y te diré que huía,
que mientras más maletas preparaba
y más excusas
más oscuridad se asentaba
en una isla, un pantano,
la pesadumbre. Mirar
desgajar la pequeña historia nuestra
y querer un papel blanco
para pintar un cero.

Caminar, expandirse sin sogas
sin tus ojos que me hacían sentir un criminal
Y sin embargo yo era la única que entendía
y ese entendimiento el único que te liberaba
y escapé con él.
De ahí que soy todo lo que no es.

Ser desertor
implica que en cualquier ocasión
cuando se habla de honor, o de fidelidad,
o de amor, o de heroicidad o de qué altura
uno se escurre por donde pueda.
Significa quedarse fuera de las conversaciones
y si uno se atreve a ponerse una máscara
luego retirarla con alivio de que no había
por ahí uno conocedor.
Es no comer con fruición, no dormir a pierna suelta,
llevar una soga en el bolsillo
y mirar, en caso de que el recuerdo volviera,
dónde aguantar la soga del ahorcado
Es ser Pedro, el gallo y las tres veces
es saber la sentencia de antemano
es leer y no identificarse con el protagonista
Es renunciar a los discursos y a los premios,
a las pequeñas alegrías.
Es mirar el vaso con la propia dentadura
y que nadie te diga por qué lloras
porque son lágrimas de cocodrilo.
De pronto ocurre que hay que cuidar a alguien,
que hay que bañar a un perro, que hay que cruzar
a un ciego, y la palabra «mentira» salta por todos lados
inesperada y fría.
Ser desertor es haber dejado los ojos en otro lado.
Recordar, preparar el suicidio
y no llevarlo a cabo.

LUCIFER

Toda la noche una batalla.
Dragón es el cuerpo
donde los calambres pasan de duelo
a duelo.
Cada uno trae una convulsión izquierda,
una derecha llevada a tronar violáceo,
rigidez árida de pie a pelo.
El cabecilla de los nervios
atraviesa, revisa,
la dureza del vientre.
Da a luz a Lucifer.
En este aplauso de la noche,
hincada en el compacto infierno
de órganos que batallan con cáscara de piedra,
no sé si ya estoy muerta, nadie sabe si nazco.
Bruces bruscas
parecen perdidas en el territorio de la carne.
Vomito semillas.
Sale la espuma del espíritu de otro.
Sola cabeza que contiene cuerpecillos perversos y agitados
sostiene miradas de revueltos alacranes
picoteando los huesos.
Sales por la espalda de mi cuerpo,
sales por la noche a calentarme.
Juntas los pies,
juntas las manos.
Compones el cuerpo diferente
en el silencio agudo de ruptura.
Eres el pez que nada en la disolución
del contrahecho esperma.
Tratas de rescatar el ácido hilo de aquel quebrado
pensamiento que fui.
Sólo manos darnos en esta despedida
Solos dedos reconocen nuestra unión

ABARCA MIS PULMONES QUE AGUANTO CON LAS
                                          [MANOS,
que va invisible a todos lados,
un pus de angustia, goteando,
ofreciéndose como diademas a las calles,
restregando la visión de un nacimiento:
        Nos acomodan a un útero y nuestra agua es
la sangre morada de veneno. En un abismo
nos brinca nuestra madre con sus miedos.
Llegamos gritando en un horror la oscuridad.
Vemos unas muecas verdosas tocándonos los sexos,
la tijera, el poderoso ejecutor que nos da
la bienvenida. Al mundo entró una hembra.
Habíamos preparado el color azul para Rogelio.
Una cuna de naipes preparada y una maruga de oso pardo,
un juguete para la niña enferma. Los huecos en las orejas
y las caras de óvulos gigantescos riendo, ronriendo.
Sordidez nutrida de bienvenidas. Tu condena
en el laberinto de los dioses cerrados. Días y días
en la boca un montón de leche cortada. La peste
de mis excrementos inunda el ombligo reventado por ti.
Filarmónica y arte afligidos en el páramo de cosquillas.
Trepidaciones de sílabas idióticas merodeando la cuna.
Brinco de los tíos, de las caderas brincos
y la lengüita babeando sin dientes la masilla mágica
que un día dirá palabras. Muda y sorda
descubrieron los sinuosos espejos que estaría.
Un día el hermano mayor sacó la lengua
y la brindó en los párpados. Un día
el vecino de enfrente registró mi vagina. Un día
al unísono lloraron, se batieron los pechos y dijeron:
                                Una hembra ha llegado.
Dicen que tuve la suerte de no ser volcada hacia el piso
al virarse mi madre casualmente. Dicen,
por pura casualidad estás viva.
                        Que suene la trompetilla, digo.

REINALDO ARENAS

Nació en Holguín, en 1943. Estudió en la Universidad de La Habana y trabajó en la Biblioteca Nacional. Desde 1974 a 1976 estuvo confinado en la prisión de El Morro. Su obra novelística se publicó fuera de Cuba, mucho antes de su salida, en 1980, vía Mariel. En 1983 fundó la revista literaria *MARIEL* y ha obtenido, entre otras, las becas Cintas y Guggenheim. Reside en Nueva York.

BIBLIOGRAFIA: *Celestino antes del alba* (Buenos Aires, 1968), *El mundo alucinante* (México, 1969), *Con los ojos cerrados* (Montevideo, 1972), *El palacio de las blanquísimas mofetas* (Caracas, 1980), *La Vieja Rosa* (Caracas, 1980), *El Central* (Barcelona, 1981), *Termina el desfile* (Barcelona, 1981), *Cantando en el pozo* (Barcelona, 1982), *Otra vez el mar* (Barcelona, 1982), *Arturo, la estrella más brillante* (Madrid, 1984), *Persecución (cinco piezas de teatro experimental* (Miami, 1986) y *La Loma del Angel* (Miami, 1987).

APORTES

    Carlos Marx
no tuvo nunca sin saberlo una grabadora
estratégicamente colocada en su sitio más íntimo.
    Nadie lo espió desde la acera de enfrente
mientras a sus anchas garrapateaba pliegos y más pliegos.
Pudo incluso darse el lujo heroico de maquinar pausadamente
contra el sistema imperante.
    Carlos Marx
no conoció la retractación obligatoria,
no tuvo por qué sospechar que su mejor amigo
podría ser un policía,
ni, mucho menos, tuvo que convertirse en policía.
La precola para la cola que nos da derecho a seguir en la
cola
donde finalmente lo que había eran repuestos para
presillas («¡Y ya se acabaron, compañero»!)
le fue también desconocida.
    Que yo sepa
no sufrió un código que lo obligase a pelarse al rape
o a extirpar su antihigiénica barba.
Su época no lo conminó a esconder sus manuscritos
de la mirada de Engels.
(Por otra parte, la amistad de estos dos hombres
nunca fue una «preocupación moral» para el estado).
    Si alguna vez llevó a una mujer a su habitación
no tuvo que guardar los papeles bajo la colchoneta y,
por cautela política,
hacerle, mientras la acariciaba, la apología al Zar de Rusia
o al Imperio Austrohúngaro.
    Carlos Marx
escribió lo que pensó,
pudo entrar y salir de su país,
            soñó, meditó, habló, tramó, trabajó y luchó
contra el partido o la fuerza oficial imperante en su época.
    Todo eso que Carlos Marx pudo hacer pertenece ya
a nuestra prehistoria.
Sus aportes a la época contemporánea han sido inmensos.

La Habana, junio de 1969

SINFONIA

Esa sinfonía que milagrosamente escuchas
(el dueño de la radio portátil se ha dormido por lo que no ha
sintonizado «Radio Cordón de La Habana)

                       no te pertenece.
Esas resonancias magistrales,
esas inesperadas estancias que levantan parajes mágicos
y despliegan cortinajes,
esa armonía que ahora se abre como un mar,
esa música

               es de otra época.
Tú no tienes que ver nada con ella.
Y es lógico que llores, como lo haces,
aunque no sepas, aunque no quieras confesar, por qué.

La Habana, abril de 1969

PREMIO

A aquel hombre
    (de alguna forma hay que llamarlo)
    que no tuvo hijos, ni mujer, ni amigos,
    ni madre amantísima, ni paciente abuela,
    un día el cielo le concedió la gracia de
    un enemigo poderoso.
                        Desde entonces no está solo.

Se rumorea que secretamente sueña, y hasta
posee ya algunos amigos.

La Habana, octubre de 1971

CUANDO LE DIJERON

Cuando le dijeron que estaba vigilado,
que por las noches cuando él salía
alguien con una experta llave entraba en la habitación
y hurgaba en los frascos de aspirina
y en los consabidos, indiferentes, libros;
    cuando le dijeron que decenas de policías
en su honor trajinaban,
que habían logrado sobornar a sus familiares más allegados,
que sus amigos íntimos
ocultaban tras los testículos mínimas libretas
donde anotaban sus silencios y comas,
                                    no sintió miedo,
pero sí cierta sensación de fastidio
que al instante supo controlar:
No van a lograr, se prometió, *que me considere importante.*

La Habana, septiembre de 1972

UN CUENTO

Como ya tenía 35 años, el estómago vacío y una decena de manuscritos, que tal como estaba el sistema jamás le publicaría, Roberto Fernández decidió suicidarse.

Fue entonces cuando se le apareció el diablo.

Venía, naturalmente, uniformado y en el pecho ostentaba numerosas distinciones tintineantes.

Durante varias horas hombre y diablo hablaron.

Fernández modificó todos sus manuscritos, agregó, quitó, tachó, enmendó y eliminó todo aquello que al parecer del diablo podía ser «mal interpretado por las generaciones presentes que construyen afanosamente el futuro...». Inmediatamente sus obras fueron publicadas en la lujosa colección *Letras Unidimensionales.* Se le entregó, *ipso-facto,* por orden expresa del diablo, el gran premio «Metal de Auroras» y se le dio gran privilegio, una casa espaciosa.

A los pocos días murió «repentinamente».

Sus exequias fueron apoteósicas. Se le dispensaron honras fúnebres oficiales y civiles. El mismo diablo, como despedida de duelo, pronunció un discurso conmovedor que se difundió por el mundo entero.

Pero su cuerpo fue incinerado junto con todos los manuscritos, tanto los originales como los que había corregido.

Indiscutiblemente, el diablo es un agente precavido.

(La Habana, noviembre 12, 1972)

ESAS ESPLENDIDAS DIOSAS

Esas espléndidas diosas
que esparcen el amor o la cólera,
la amenaza de una discordia, la grandeza de una batalla.
Esas diosas que detienen el sol
por deferencia a un hombre
y administran la gloria, la eternidad y los sueños,
no existieran, a no dudarlo, de no ser por aquél que,
ciego y paciente,
                        se dedico a cantarlas.
Esos milagros, esas mentiras, esas tribus errantes,
esa cruz
esa leyenda, ese amor, esos mitos y esas verdades
que nos enaltecen justifican y proyectan
                        no existirían
si voces empecinadas no se hubiesen dado a la tarea
de cantar en la sombra.

Ahora
que a falta de sombras sobran focos
y nadie puede ya cantar,
¿quién después que obtengamos el pulover por el cupón 45
o el cortauñas por el 119
podrá demostrar que hemos existido?

La Habana, diciembre de 1973

VOLUNTAD DE VIVIR MANIFESTANDOSE

Ahora me comen.
Ahora siento cómo suben y me tiran de las uñas.
Oigo su roer llegarme hasta los testículos.
Tierra, me echan tierra.
Bailan, bailan sobre este montón de tierra
y piedra
que me cubre.
Me aplastan y vituperan
repitiendo no sé qué aberrante resolución que me atañe
                    Me han sepultado.
Han danzado sobre mí.
Han apisonado bien el suelo.
Se han ido, se han ido dejándome bien muerto y enterrado.

Este es mi momento.

Prisión del Morro, La Habana, 1975

RAFAEL BORDAO

Nació en La Habana en 1951. Estudió Lenguas y Literatura Hispanoamericana en La Habana, y en la actualidad cursa estudios de Maestría en Columbia University, New York, donde reside desde 1980. Sus poemas han aparecido en diversas revistas literarias de España, Estados Unidos e Hispanoamérica y ha obtenido varios pemios literarios, entre otros, el de la Academia Literaria del Hunter College de New York, Primer Premio de Poesía 1984, y con su libro *Versos Neptúneos* (inédito) obtuvo la Primera Mención de Honor en el XI Concurso Internacional de Literatura 1986, celebrado en Miami.

Prepara una Antología de poetas jóvenes cubanos que salieron de Cuba por Mariel.

BIBLIOGRAFIA: *Proyectura* (Madrid, 1986). Ha sido antologado en *9 poetas cubanos* (Madrid, 1984) y en *Poesía Cubana Contemporánea* (Madrid, 1986).

DIAS COMO ESTOS

Tan alto es este día
          que caigo desde él
precipitado y tonto
         como una pera cansada.
Estos días gravitan
         como nubes de auras;
alfileres de distancias
         me perforan la piel.
Días como estos; desgañitándome
         entre las calles sordas,
sin paz, sin aviso de Dios,
         bebiendo Coca-Cola
            desenfrenadamente
y mi vieja oración sin alas
         trepando los rascacielos fríos,
sin tokens,
     esputando el Marxismo
         contra la acera más dura,
disponible como una cebolla
         en un restaurante chino,
     a bolina la infancia
         como un papalote,
acaso en los confines de la soledad
         como un trapecista sin público,
     sintiendo que la patria fluye
como un desbordamiento misterioso,
         en un vetusto y tolerante
parque de New York.

(1983)

FABULA DE LA CUCARACHA

Siempre andan distraídas:
¿adónde irán tan urgentes?
¿Cómo serán por dentro?
Carecen de artilugios para evitar incendio,
se inflaman en los fogones de las casas
con obvio desenfreno,
coexisten sumergidas en las intimidades
como un asterisco,
y de noche pervierten su castidad en la harina.
Son nerviosas:
diminutos motivos de expresiones groseras;
preceden con lujuria la lluvia,
aumentan el orgullo de los desheredados,
e incentivan con su noticia el asco.
Nadie las oye quejarse: ¡ay!,
mas revientan con ardor
en las tertulias placenteras.

Corren como beodos delirantes,
sintiendo que la culpa les fustiga:
¿adónde irán estos ubicuos transgresores?
(No hay mayor negocio que la de estos
fisgones cotidianos).
¿Cuánto viven, serán longevas, asmáticas, miopes?
Y las albinas qué juez las sancionó a vivir
en las tenebrosas alcantarillas
de todo el planeta,
cuál fue el delito (¿espías u obscenas?):
son tan humilladas como un negro etíope.

Las cucarachas están plagadas de azares fortuitos
y de un insolente despilfarro de locura,
mueren de un instante exacto
y expelen un estampido sincero:
No transmigran.

julio/septiembre, 1986

HIMNO AL FOLLAJE

Hojas cuyos corazones de espanto se suicidan
hojas que el viento con su impulso viola
heme aquí conjeturando mi alegría
en medio de tanta inocencia mancillada
latiendo de libertad
extasiado de aves
colmando de higiene vegetal mis dolores
heme aquí de hinojos con un sueño en la mano
opuesto al abandono
satisfecho y errante
invitado por las circunstancias a la filantropía.

Hojas que renuncian al palo y ofrendan su aura de conjuro
yo las amos
como también adoro
la estentórea inspiración que me conmueve
estoy rogando aneguen con unanimidad mi sino
y abriguen de hojarasca mis errores
quiero sangrar mi honor de clorofila
quiero ser esas hojas que se evaden
y ya nada las detienen
esas que caen...
absueltas y depuradas.

4 de mayo de 1986

INTERFERENCIA DE LA ESPERANZA

El hombre levita:

       como una sombra que ondea sobre el degüello
de todos los animales negligentes:
       como un fakir eréctil el hombre flota,
bruñe su imagen,
   y fija su filantropía en el usufructo
                    y el ambage.

Cada estro allende infla su alma,
     rema con los brazos alrededor de las cosas anodinas,
       emerge del abismo con un provecto salvavidas:
la esperanza,
   y se transporta con todos sus ruidos
hacia los más desahuciados dilemas.

El hombre levita (casi siempre) como un sonido.

INTERFERENCIA DE LA SOMBRA

> *Múestrame, Oh Dios!, la portentosa mano que*
> *hizo la sombra: la pizarra oscura donde se escri-*
> *be el pensamiento humano.*
>
> *ANTONIO MACHADO*

(Traducir el alma es
          observar la sombra):
               el alma se hospeda enjuta
               encima de un mudo reposo.

La sombra es puntual,
pusilánime y escurridiza,
             y el color de su piel
               es idéntico al acoso.

(Toda sombra es un cuerpo
               fuera de su horma
que escapa hacia el infinito).

DADIVA

a la ardilla que me regaló una nuez...

Atardece
las ardillas no cesan de correr
con sus tímidas sospechas
no cesan la agitación
ni menguan el ambage

fluyen
intempestivas hacia el misterio
tras un hirsuto aliento de semilla
olvidando
todo su infortunio en la enramada
desde la cual
demandan con inquietud las nueces

y luego se van de salto en salto
entre apariencias y fisonomías
con un aire indulgente
pero antes que anochezca
dejan (íntegro) su amor
en el césped

2 de mayo de 1986

TESTIMONIO DE UN AHOGADO

*a los imperturbables peces del laguito de Duke
University.*

Esos peces que no van ni vienen
hipodérmicos de nadar en lo remoto
inexpresivos y circunspectos
de flotar en el cansancio y el disgusto
en el agua que venda sus instantes
serán fragmentos de cópulas celestes?

sueñan en silencio comatoso
la ruta diagonal de todos los mortales
rojos de hipo y absortos en el ego
vagabundean por la melancolía del hombre
peces que se abruman
rotulados por la antigüedad del individuo
sordos de gloria y holgazanería
mareados de corazonadas y burbujas

empero
se apoderan del talento silente de la sombra
y se atiborran con fábulas y conmemoraciones
y se envilecen de una sabiduría errátil
tras un brillante salivazo
peces que se asfixian de nostalgia
en los antecedentes

3 de mayo de 1986

ERNESTO CARMENATE

Nació en Alquízar en 1925. En 1964 llegó, en bote, a los Estados Unidos de Norteamérica, donde reside desde entonces. Se dedica al comercio.

BIBLIOGRAFIA: *Un río inmóvil* (1974) con prólogo de Eugenio Florit, *Entre las islas del silencio-Cuatro formas del aire* (1984). Ha sido antologado en *Sonetos en Cuba* (Universidad Central de las Villas, 1960), *Selección de diecisiete poetas cubanos* (Barcelona, 1981), *El soneto hispanoamericano* (Argentina, 1984) y en *Poesía Cubana Contemporánea* (Madrid, 1986).

DONDE SUS FINAS LANZAS ROMPE EL CIELO

Donde sus finas lanzas rompe el cielo
y la noche recobra su armadura
palomas suma el agua a la blancura,
gana oídos la palma del desvelo.

Nada pretenda detener el vuelo
hacia la cima de inocencia pura:
Unido está el panal a la dulzura;
no cambia el mar audacia por recelo.

La sangre no es memoria de caídas
sino jardín de círculos viajeros
que si remonta muertas canta vidas:

Es una encrucijada de senderos
donde se desmoronan las heridas
bajo el firme candor de los luceros.

NOCTURNO

Soy aquí un horizonte,
un poro de la noche.
Bajo el misterio,
sin una ventana abierta ni un relámpago,
escucho el peso encaminado
de la ordenada desolación del agua.
El sacrificio que padezco
es lo que en mí va a ser
un deslumbramiento de las heridas
o una quietud de fuego.
Pero en mis ojos se apaga la última luz
junto a su cuerpo iluminado:
mi corazón supera así la muerte.

CANCION DEL AIRE

Por las montañas el aire
se va detrás de las nubes.
Por los árboles el aire
corre detrás de los pájaros.
Y sobre la tierra el aire
sólo persigue tu pelo.
¡Y no está cansado el aire!

APUNTES

El poeta no es agua en el subsuelo
o moneda para caja fuerte:
cantar es ser oído.

Puede ser aguas nómadas el río
o un ejército que en orden se suicida.
Pero el agua panzuda del mar
termina en alas.

POETA VACIO

Era libre.
No llevaba nada de este lado.
Se había lavado las manos y las vísceras.
En su propio Jordán
purificó su huida.
Ahora podía cantar
lejano de sí mismo, sin espejos,
sin los rostros traviesos de la sangre.
Era libre.
Era un hueco del aire.
Vino la muerte. Lo tomó del brazo.
Y acompañó la muerte por la vida.

PAISAJE

El cielo
y todos sus árboles fosforescentes
¿son estos caballos que la luna deforma
o los gritos rápidos del agua?
Con la única arcilla existente
con imposibles nos crearon.
Cuando seamos el amanecer
¿qué paisaje podría sustituirnos?

CARCEL

Cuando los entusiasmos
(fijos como los ojos de un ejército)
sobre un pan se oscurecen
y las rodillas son acomodadas
entre la algarabía de los aplausos
¿quién descifra el color verdadero
de las palomas y los cerdos?

UNA BUENA PERSONA

Una buena persona
nunca dice no.
Nunca abandona su escondite.
Cruza los brazos en medio de la lluvia
y desconoce el ruido de los fusiles
(que no se va como los otros ruidos).
Siempre está defendida
por la corbata,
por el saludo,
por los pasos.
Una buena persona
tiene dos aceras.

CONTRA LOS MUERTOS DE MENTIDA SOMBRA

Es preciso callar las malas lenguas
crecidas en la levadura de la muerte,
ante las cuales debemos descubrirnos
sin decir ni esta boca es mía
porque los muertos no pueden defenderse
y otras flojas maneras. Ya se sabe.

Es preciso marcarlos con el dedo.
Con los nombres de pila y otras señas.
Con las condecoraciones funerales.
Con las actas fechadas y firmadas.
Con los juzgados y los cementerios.
Los números de folios y las tumbas.
Con la memoria de los sepultureros.

Hay que negarles la ciudadanía
a estos invertidos nacimientos,
saltos donde la cuerda se termina,
póstumas ediciones aumentadas
que tan sólo tuvieron otra vida
(la de vivos o vivos verdaderos)
para vender o desviar la nuestra
haciendo gordo el caldo del silencio
o engordándole el caldo a la mentira
hasta dejar el mundo de cabeza
con las patas atadas en el viento.

Insisto. Hay que hacer algo.
Sin más paños calientes o demoras
debemos terminar con estos muertos
que andan de boca en boca
por todos los rincones de la tierra
como los aparecidos milagreros
de las noches de cuentos campesinos.

Hay que poner en su lugar las cosas.
No pueden continuar en los dos lados
como si no existiera la frontera

con la ventaja de ya ser palabras:
Muertos para el deber y el castigo
y para delinquir muertos bestseller.
Hay que hacer algo. Lo mejor sería
ponerlos a contar lo que callaron.

NIEVE

Entre las ramas de la noche,
sin ningún agujero de plata,
llega el blanco silencio.
Vuela a mi alrededor.
Se va. Vuelve. Se queda.
Me da su mano pura:
«Hola, Extranjero».

WALTER DE LAS CASAS

Nació en La Habana en 1947. Desde 1960 reside en Estados Unidos. En sus estudios universitarios se ha especializado en Español y Francés y en sus Literaturas. Actualmente estudia el Doctorado en español en el Graduate Center de la City University of New York y enseña en Sarah J. Hale High School, en Brooklyn, donde reside.

Sus poemas han aparecido en *LINDEN LANE MAGAZINE* y otras revistas literarias.

BIBLIOGRAFIA: *La niñez que dilata* (Madrid, 1986). Fruto de su labor de maestro con estudiantes hispanoamericanos relativamente recién llegados a los Estados Unidos, publica un plan de estudios de español para éstos, titulado: «Curriculum Guide for Spanish Native Language Arts» en la revista *HISPANIA,* número de mayo de 1987.

A RANAE

Bondadosa
Bondadosa
ése es tu nombre
tus bellos cabellos rubios
casi blancos
bondadosa
bondadosa
ese es tu nombre
yo, un adolescente
que no podía
que no tenía aún la fuerza
de darte su ser
bondadosa
siempre bondadosa
ése es tu nombre
ahora, esta noche
estás en mi mente
estás en mi ser
mis deseos de que hayas sido
feliz
con tu niña
(se llama Anne Marie, creo)
con tu familia
con tu esposo
felicidad para ti
bondadosa
ése es mi anhelo
esta noche
y el deseo de
verte algún día
y de darte un poco
de tanto amor que
tú me diste
bondadosa, Ranae

STARTING FROM GROUND ZERO

nómina de huesos
estudios para crucifixiones
lagar de sentimientos
que salen como sangre
a propulsión a chorro

A RAMIRO CARBONELL

fiel amigo
fiel estampa
de la lógica y la
nobleza
de la vida
del espíritu
desinteresado y recio
quiero moldear
mi alma a la tuya
¿Y es quizá por eso
que no puedo
escuchar tu canto?

TO BOB FOSSE

The blood-spattered room
reverberating his
paranoid
«Can you hear me»
cry
sealed with
the seered
necrophilic act
last desperate and
vacuous act of possession
of a desperate man
it is all
blood and guts now
the real thing
no more hip
wordy theories
or glossy allegories
in searing motion

A JOSE MARTI

libertad, más libertad
cien años pasan
y yo he presenciado
el nuevo homenaje
a lo que
sí, querido José
menos se debe cantar
que conquistar

(1986)

DINAMARCA

Pocos tienen demasiado y aún menos,
menos de lo necesario.

N. F. S. GRUNDTVIG

tierra de alma mesurada
a la altura del ser humano
tierra que fomenta la felicidad
a costa de la grandiosidad
de simples capillas protestantes
sólo ornamentadas por sus órganos
de compañías con responsabilidad
al prójimo y a la nación
de gente de fácil trato
en sus quehaceres de vivir

CARTEL

reina del Caribe
orgullo de Trinidad y Tobago
en noche de Carnaval
vestida de todo el oro
de Sudáfrica
con flechas que hieren
la frágil atmósfera
que la circunda
pavo real voluptuoso
sed de amor
que quita el aliento
a todo observador
abrasado

A MARIANO BRULL

Quiero romper puertas
para ti
con el macho
destruir barreras
puñetazos a la vidriera
destruir la carne
abrirme
que la sangre corra
Marina
dejar de existir
que mi esencia sea
el sentimiento puro
en tus manos

BETICA

cuevas de Granada
castillo verde veraniego
aura nocturna
rumor dispuesto a explotar
altivo bailarín ennegrecido
rígidamente perfecto
en su marcado taconeo
mientras olas purpúreas
remolino seduciente
circula que te circula
pelo negro muy negro
olas violáceas
de espuma blanca
que
abaten
        atragantan
                postran
                        vencen

ARABIA

      Sin
          uoso
                  lante
              ondu
        iral
      esp
              MORTAL

Sale la bruna culebra
de su hogar canasta
sus ojos negros
penetran más los de su amante
que partículas subatómicas
losas de cemento
disparadas del ciclotrón
cara altanera
que esquiva la mirada
mientras su cuerpo
describe
cuantas curvas geométricas
vanos matemáticos
hayan imaginado
para después
lentamente
regresar
a su humilde escondite

A PAQUITO D'RIVERA

El saxofón
de la pirueta funambulesca
la tensión
de los músculos
la pantera
ante el ataque
sinuosa y rápida
espiral
que salta fuera
del cuadro
(como nunca escalera de Miró lo ha hecho)
escape
salto mortal
al cielo o a
la página en blanco

POETICA

El abuso de la imagen
hace
la poesía
mezquina.

INES DEL CASTILLO

Nació en Sagua de Tánamo. Estudió en las escuelas Félix Varela, Rosalía Abreu y en la Escuela de Educación de la Universidad de La Habana. Sin completar sus estudios pedagógicos viajó a los Estados Unidos de Norteamérica, residiendo, desde entonces, en Nueva York, donde ha realizado estudios en Hunter College.

BIBLIOGRAFIA: *Hierba azul,* poemario que está editando Senda Nueva de Ediciones, de Nueva York. Ha publicado sus poemas en revistas y periódicos, entre ellos, en el Círculo Panamericano y ha obtenido varios premios literarios: René Marqués (1979), Kingsborough Community College, Agustín Acosta (Miami, 1986), entre otros.

DOS SONETOS POR LA PAZ

SONETO I

Abre tus rejas celador fragante,
busca la luz, a tu pesar consuelo,
los anchos del destino llama un cielo,
radiosa desnudez tu pecho avante.

Cese tu extraño revisar constante,
altos ofrece la misión, desvelo;
es tiempo novador, fuerza tu vuelo.
¡Pulsen tus venas la razón triunfante!

El pedestal lozano sacudido
al grito de ansiedades repetido
llora firme retorno de sosiego.

Gime la fe por el amor distante,
la sed busca una poza vigorante,
y la paz regalada lleva un ruego...

SONETO II

Presta tus alas, celador galante.
Inalterable lumbre sostenida
puebla la majestad. Estremecida
derríbase la cruz edificante.

El salmo del amor vivificante
del joven soñador, en la florida
anunciada esperanza diluida,
vuelve cenizas a la tierra amante.

La voz de la palabra ve y espera,
en las gramas azules de la esfera
gira un tiempo de ciega y de relevo.

En la fuerza de Altísima Labranza
aún brilla la señal de la bonanza,
y la paz regalada lleva un ruego...

LLANTO NUEVO

Entre los cristales
el llanto se acuesta,
un llanto apagado
como la hoja seca,
quemada en el viento,
huyendo en la acera
a los pies inertes
de los centinelas.
El llanto no es queja,
no es rosa ni hormiga,
es una hojarasca
de la selva fría
transformada en polvo
de huella y mejilla...
Se escapan las voces,
los pasos y el miedo,
pero el llanto vela
rostros y linderos;
trepa los murales
pintados de extraños
con arcos severos
de rotos pedazos.
Cérico fantasma
de piedra y tormento
oculto en cristales
de fiero silencio.

VENTANA AL TIEMPO

Eran noches sin miedo
aquellas de ventanas a la luna,
esencias de laureles y de albahaca,
rosales y azucenas,
vocerío de niños entre ruedos
y un repicar de cuerdas engarzadas
vagando por los atrios...
Hoy, al trémulo rielo de la noche,
cierro de mi ventana el arco fuerte,
y un dolor invisible
opaca los andantes senderos de mi frente.
Se detienen los sueños
y vencidos perecen.
Porque de esa ventana generosa
llega la brisa pródiga de aromas,
regalada, sutil, fina, elocuente,
enlazadora, sana, libre, ardiente...
Cierro la sólida, lúcida ventana
cediendo prisionera. La agonía
bate cual cierzo por la calle fría
y al corazón lastima.
Las rejas ciegan, hurtan y golpean;
la malicia trepándose se acerca,
no es la luna que llama juguetona
tirando serpentinas en mi alféizar.
Ya no puedo escaparme
hacia el pasto mullido de hojas nuevas
junto al arroyo amigo en pláticas divinas...
No aciertan deleitarme
candelillas truqueras
merodeando sus círculos fulgentes
en alígero cúmulo de sombras.
Las hojas de esta noche tienen huellas
de bisagras, pestillos y cadenas.

Tecnológicos gritos estimulan vigilias,
proponen los canales inseguros destinos.
—¿Cómo seguir la voz del sentimiento
hasta la escala azul del universo?
—¿Cómo llegar el alma al estadio
de suntuosas galaxias?
—¿Cómo talar sus velos
de espumoso y estético balance?
El vicio y el desdén y la osadía
queman ternuras, goces y fragancias
donde el amor se arrima;
un centenario de humedad rechina
entre la humanidad
De lo que fue ventana y voz de luna,
de niños y de cuerdas nada queda.
La noche no se acerca ciñéndose guirnalda
de platíneas estrellas,
ni el surto reconcilia sus cimientos,
no el brazo conocido del amado
apretando recuerdos en su fuerza.
Es el dardo furioso de la calle
oculto entre la piedra,
dejando un alarido que se alarga
salpicado de risas y cristales
rugiendo en las aceras.

RUGIENDO
EN
GRIS

Plúmbica visión austera
sobre las gredas del río,
astil de azogue flotante,
mole gris en equilibrio.
Sombrero bajo los ojos
y manos en los bolsillos,
paso ligero golpeando
el viento sobre el abrigo.
Un apuro de «hamburgers»
adelanta las esquinas
a las ojeras del «subway»
de la tarde vengativa.
Empujón inevitable,
rescate de la rodilla,
más alta que la cabeza
una cartera camina.
Sobre la piedra sin alma,
llanto de flor amarilla.
Alaridos de metal,
horquillas en los oídos,
noticias horizontales,
blanco y negro releído
y la noche tras un sueño
de cristales encendidos.
Argentada concurrencia,
coloso mural alerto,
derretida pompa-luz,
pestañas de gris incierto.
Pastorelas de la noche
—milagroso pulimento—
atalaya en antifaz
de ribeteado esqueleto.
Primicia yerta de roca,
placeres a los esbeltos
de cabezas esculpidas
en rejas de campamento.

Estremecido inquietante
lánguido corte del tiempo,
en ti suspira el poeta
por azules pensamientos.

RAFAEL CATALA

Nació en Victoria de las Tunas, en 1942. Realizó todos sus estudios universitarios en la Universidad de Nueva York, recibiendo los grados de Bachelor of Arts, Master of Arts y el Doctorado. Ejerció la docencia en la Universidad de Nueva York y en Lafayette College desde 1972.

Dirigió el Taller de Poesía *RACATA* en Hostos College de la City University of New York en 1983, y de esta experiencia surgió la antología poética y teórica *Soles emellis* (Prisma Books, 1983) y actualmente es editor del *INDEX OF AMERICAN PERIODICAL VERSE,* que se publica en New Jersey, donde reside.

Catalá es el creador del género poético y teórico *cienciapoesía.*

BIBLIOGRAFIA: *Caminos/Roads* (Nueva York, 1973), *Círculo Cuadrado* (Nueva York, 1973), *Ojo sencillo/Triqui-traque* (Nueva York, 1974), *Copulantes* (Santo Domingo, 1981, 2.ª edición: Prisma Books, 1985) y *Cienciapoesía* (Prisma Books, 1986), Acaba de publicar un libro de ensayo, *Para una lectura americana del barroco mexicano: Sor Juana y Sigüenza y Góngora.*

SINCRETIZANDO

—para los talleristas, compañeros de Rácata

Los párpados de luna
recorridos por niñas juguetonas
se inician al borde de la coyunda
de un tálamo fecundo

Los párpados de luna
escuchan música de Philip Glass
y Einstein pasea una mañana por la playa
y Einstein una mañana pasea por la playa
y Einstein por la playa una mañana pasea
y Einstein pasea una mañana por la playa
y una mañana Einstein pasea por la playa
y pasea Einstein una mañana por la playa
y por la playa Einstein pasea una mañana
y una mañana pasea Einstein por la playa
y por la playa una mañana pasea Einstein
con sus manos agarradas en la espalda,
paso a paso se deshacen pisadas en la arena

Los párpados de luna
con esas pupilas infinitas discípulas del universo mundo
y la mañana
con el vaivén regresan, avanzan en espiral
—como quanta amorosa—
de dendritas perfectas

Vivir y morir cada mañana
salir a correr a darle calor al aire frío
que nos espera ansioso
Una señora vaca recelosa
sigue nuestros pasos al pie duna ventana
y el Einstein dentro de nosotros camina
con sus párpados de luna buscando paz al mundo

y el Martí en nosotros camina
con su frente afilada en lo concreto del infinito y viceversa
y el Ernesto de nosotros abraza los hermanos
y hermanas en un apretón vallejiano,
como Violeta Parra en Macchu Picchu
o *Aclaración Total* de mi Lezama

Los párpados de luna almendrados al sol
se bañan en la playa.
Espumas y aerolitos acarícianlo.

LOS PIES

responsables los pies que saben caminar
sobre ladrillos

amantes los pies en su ritmo acariciante
hacia la tierra

eruditos los pies en la carrera y salto
en terraplén y arena

eróticos los pies en los zapatos, y fuera
en la sábana rozándome los muslos.

PROLEGOMENO PARA LA TEORIA DE SISTEMAS

Mi abuela es un sistema abierto
hecho de carne y vitaminas,
de hierro y calcio,
de las protuberancias duna rosa,
de pezones rosados y miel para mi abuelo.

Mi abuela come para seguir anunciando
procesos anabólicos:
un carajal de aminoácidos formando proteínas.
Ella se rebela contra la daga catabólica
libando agua y leche,
devorando una oveja,
tomando el refresco por las tardes.
La anciana hasta se hace un garabato en yoga
por no dejar endurecer cartílagos.

Mi abuela de carne y hueso,
y alma,
es un cálido sistema abierto
que por las noches besa a sus nietos en la frente.

EROTISMO

Parece que hay en mí un erotismo estético
y leo a Góngora saltándome dendritas

Las transformaciones del Sr. o la Sra. Siva,
el alanceo multiforme de Lezama

Regodeo mis ojos: praxis Macedonio
—Fernández o Alejandro?

Juana de Asbaje malaxa en mi recámara
sensual los populosos dedos, su sandalia

Placer poético, erudito e intacto,
labor motriz: ciencia y arte. Un malaxar sedoso

orfebre verbo, plenitud quántica!
Sería como negarle a Nezahualcóyotl sus claves

o ignorar la piel de un quark,
algo así como suspender un neutrino por no traer masa

ISAAC Y ALBERTO

Hasta el 1900 aproximadamente el gran reloj
del cielo era indiferente
y caminaba seco y serio, frío al regodeo de humano,
al chachareo de esquinas, al besar sepulcros de las monjas.
Podría haberse dicho que la eternidad ya había ocurrido
dentro deste maquinar determinista   coco de Newton.
Dos siglos atrás Isaac completó la transición
nacida en Galileo: saltó del medioevo a la clásica física:
reloj de gatos inmensos: una noche de gansos misteriosos
puestos al sol de estar y ser   previstos por leyes infinitas.
El universo fue infinito hasta que vino Alberto
: se transicionó al *teorizar* radiación y quántica de átomos
Lo irónico fue que Alberto Einstein, quién cercenó las trompas
del señor Newton, rechazó el producto final de su hijo
quántico.
Él, que lideró la tribu de físicos y monos
              por canales de lucha
Él, que abrió de par en par las puertas de tierra prometida
No pudo vislumbrar del todo su paisaje
Quizá porque él haya sido el último físico clasista. y.
Él, con sus ojos de almendar y párpados de luna,
paseando por la playa sus manos en la espalda,
no pudo ver a Dios tirando dados.
La tribu alborotada entró a armar la nueva metáfora
del universo mundo   que ahora nos cabe en la cabeza.

LO QUE PUEDE EL DARSE CUENTA

Una unidad de la conciencia de la Tierra se ha hecho cargo de sí
misma
y se penetra al centro mismo de su ser
al centro mismo de la Tierra
y se sienta
en Yo
Comienzan a activarse células dormidas
se sabe entonces su lugar en la Tierra
se urgen las estrellas
comienza a acomodarse la balanza hemisférica
despiertan otras unidades de conciencia

Hay un gran terremoto
que pone a tono el nuevo decir de las estrellas
Los quarks conocen entonces la conciencia en su seno
Un neutrino vacila una caricia
Gluónicamente hablando hay sexo en el amor
de haberse recordado.

Y todo ha sido porque
una unidad de la conciencia de la Tierra se ha hecho cargo de sí
misma.

LECTURA DE SOR JUANA

Como Aldebarán lanzando voces desdel cielo
Sor Juana felicita a Lysis en Aristarco de Samos
—Mi querida, Divina Lysi mía!

En *Primero sueño* rompe altares
cantándole a Neptuno = Tlaloc, progenitor de América,
en el vuelo de Júpiter: que une Europa-América
y muestra que son una el águila
—unificada en Juan de Patmos—
La piramidal erecta de las sombras,
el sabio rostro de Egipto-Teotihuacán, el diluvio;
dos triángulos cohabitándose:
la estrella de David o los seis días

Rompe Sor Juana, y esconde como Góngora,
incrustando gemas en las piedras de sus piramidales
tenebrosas y oscuras. Sólo para trabajador orfebre
poeta matemático científico lingüista insospechado:
terrorista del tiempo
y trepanador de los prepucios de las glándulas
de Bartolino
(Quizá el Neptuno alegórico haya sido una mina enterrada
en la playa mexicana para el virrey despaña)

La vanguardia de Asbaje es auscultadora perfecta
de los tiempos
y máxima constructora del futuro

JOSE CORRALES

Nació en Guanabacoa, en 1937. Reside en Nueva York desde 1965. Es uno de los editores de la revista de poesía *PALABRAS Y PAPEL.* Ha escrito obras de teatro: *Bulto postal, Un vals de Chopin,* etc., y en colaboración con Manuel Pereiras: *Las hetairas habaneras y The butterfly cazador,* esta última obra lleva música de Evan Senreich. Durante cinco años fue el asesor literario, y también actor, de la compañía Dumé Spanish Theatre.

BIBLIOGRAFIA: *Nada tenemos en común* (1974), *Razones y amarguras: poemas del que llega a los 40* (1978), *Los trabajos de Gerión* (1980). Ha sido antologado en la *Selección de poemas de diecisiete poetas cubanos* (Barcelona, 1981) y en *9 poetas cubanos* (Madrid, 1984). Todos los poemas que aparecen en esta Antología pertenecen a su libro, en preparación, *En boca cerrada.*

MURIO DESI ARNAZ

Terrones diluidos
los recuerdos no cuentan
o cuentas solamente
cuando el alma en pesadumbres
y penumbras
se quiere agarrar de alguien
o de algo

Quién levantó el revólver
quién amarró la soga
al puntal más alto
quién rescató las cenizas del mar
y los huesos de los dientes
de los tiburones
quién tendió las sábanas blancas
sobre los cadáveres
quién abrió el pomito
de las lágrimas

La memoria se escurre
entre ahogados y suicidas
y toda clase de muertos
por causas naturales
y/u otras causas
digan lo que digan
te alimentas con casi nada
casi nadie

Habano en mano
los pulmones están tratando
de empujar las palabras
hasta el borde
y entre ellas
la palabra cubano
se adelgaza
se hace eco de noticias
del dolor en el pecho
ya desconsolado
ya casi vacío de recuerdos

LO DICHO DICHO ESTA

Yo no sé si las orejas
colectoras de trinos
son capaces de captar
el sonido de una gota de sudor
rodando por la frente
pensé en repetírselo
pensé en repetirme
(es siempre lo que hago)
borrón nuevo de cosas
que sirven quizá
o quizá no
para felicitar por Navidades
o para dejar una impresión
al menos agradable
allí donde al tacharse
se conforman
y crean el obstáculo mayor
a todo entendimiento

Luego de dicho lo que dije
abrigándome
salí a la noche fría
(era el primer día del invierno)
tomé un taxi
y le dije al chófer
casi lo mismo

NEW YORK CITY

Les dio brillo a los zapatos
se puso su camisa favorita
el cinturón bien apretado
se llenó de cadenas
y de anillos
repasó las lecciones olvidadas

Caminó largamente
y sin descanso
sabor a ginebra barata
y colillas de cigarros
besos esperando
en los más altos edificios
en el tren subterráneo
y en las alcantarillas

Pero al fin
cuando creyó llegado el momento
de violarla
se encontró
con una camisa de fuerza
y sin zapatos
un recibo por el precio
de las prendas
y el cinturón
un signo de pregunta
a todas las respuestas
colgadas en el aire

THE TV SHOW

Decapitado
moví las manos
durante horas y horas

Sin darle importancia
aportaron frases malignas
comentarios indecentes
y críticas desfavorables

La cabeza dejó de sangrar
y se volvió con parsimonia
a contemplar la pantalla
a todo color
y a todo brillo

Rota la conexión
perdido el tiempo
las preguntas aún no formuladas
se fueron con las risas
de los criticones
y de los que se burlaban

PALABRERIA

Primero fueron las palabras
luego el silencio
te equivocas
no es cierto
primero el silencio
después las palabras
a borbotones
los rosarios y las letanías
las Flores de Mayo
y los oficios de tinieblas
y mientras tanto
fue también la unción
un golpe en la frente

La sangre despertó a los perros
bulliciosos y sedientos
sangre sumada a la de la circuncisión
a la del primer período
a la del parto
a la de los asesinatos
de niñas y viejos inocentes

Las palabras saciaron su sed
y volvieron a dormirse
en espera
de que suban los precios
o que el atrevimiento...

EXILIO CASI VEINTE AÑOS

No vengo del pasado
all of a sudden
me encontré detrás
de una de las grietas
que el futuro se empeña
en rellenar
con memorias abiertas
casi siempre supurando

Con llanto
casi coagulado
con sonrisa
casi vacía de dientes
y de ganas
con risa de casi falsedades
y con mi casi asentir con la cabeza

Una vez traté de escupirles
y casi que me ahoga la saliva
una vez les grité
y casi que me oyeron
una vez traté de guardar
casi silencio
y cargaron mi nombre
de adjetivos

Yo soy el que me asomo
no son ellos

EXILIADO

Suspiro continuo
del sueño sin descanso
del viento colándose brutal
por las rendijas

Presencia de hace poco tiempo
ausencia de hace todo el tiempo
y mucho más
desquite
premonición
sin fuerza

De nuevo la caída
y al levantarse
mirar al cielo
sin mucha inspiración
con millares de lágrimas
y agarrándose
a cosas imprecisas.

ERNESTO ESCUDERO

Nació, en La Habana, en 1953. Escribió cuentos para el espacio radial «El Cuento Cubano» de la emisora Radio Progreso en La Habana. En 1980 llegó a Estados Unidos vía Mariel.

Ha colaborado en el periódico *NOTICIAS DEL MUNDO* y en la revista *CULTURAL* de Nueva York, donde reside.

HIERBA FRESCA

AHORA te pido una gota de amor para el jardín. Una gota
que llene este tiempo en que habito.
La vida busca a tu cuerpo, lo halla, y a su vez te deja
como andariego beso rodar por las latitudes.
Ahora te pido esa misma gota de amor con que poder hacer
alegrías que tú me has dado.
Como abeja ayer posaste en mi corazón un polen dulce, un
anhelo de sentirnos derredor al jardín donde finjo a veces
de jardinero invisible, recuerdo vago que anda por doquier
simulando una calma al besarte en la memoria.
Hoy, el jardín está diferente, sin color,
y no pasas a ver los girasoles como antes,
y ya no riegas a las amables rosas blancas.
No estás para endulzarte con mis ansiedades.
Hoy te pido una gota de amor para despertar a las semillas
de mis esperanzas,
para que vivan las flores sembradas por ti en mi pecho.
Para que florezca la rosa, el tulipán inolvidable,
la voluptuosa margarita y su olor hechizante.
En el jardín
las flores añoran a tu dócil mirar,
al frágil quejido de tus pupilas
cuando mirabas a mi cuerpo florecer.
Hoy te pido una razón nueva,
una gota de amor con que hacer feliz
a mis girasoles y estrellas vegetales.
Una gota tuya.
Una gota de amor
donde poder suspirar
con tu olor a hierba fresca.

HABANA

TOMA una flor para decorar tu imagen
«chiquilla mía».
Hace tiempo quería vestirte
con tres colores,
los de mi bandera
y llevarte de paseo por La Catedral.

Vamos, anda, anímate
que tus juguetes los guardo
como niño afortunado
que hace crecer a las palomas
como a las rosas blancas,
y despiertos en mi corazón
tus primaveras y sueños,
tus tambores batá
de rumba clásica
y siniestra.

Vamos, anda, anímate.
Dirás tal vez que no recuerdo tu nombre
caminando entre las sombras
destino a lo indecible,
o si ha sido de mi amor
una insignificante despedida.

Pues bien, escúchame ahora
que tengo llena las lágrimas de fantasías,
por mis camisas rueda un sudor de distancia
que no separará nuestras vidas ni así murieran,
ni perdidos por las calles y las ciudades
habrá un sitio donde encontrarnos.
Una estación del tren o en algún parque.
En ti y en mí una gota de rocío,
una canción esperanzada,
una caminata o un regreso —sabe Dios.

Toma una gardenia,
un clavel para tu sonrisa inocente,
algún girasol mirándote de día.

Tómalos y quiéreme, camino a la Iglesia.
Pero no quiero decirte una palabra extraña,
una muerte repentina o un poema sin dolor.
Ni tampoco una despedida
ni un adiós fantástico; eso no, nunca.
Cómo decirlo si eres mía para siempre.

RETRATO

DESCUBIERTA la vida, sin ataduras posibles,
va mi voz
como un pañuelo que la brisa traspone al firmamento..
Y al caminar contigo,
mi cuerpo se hace flexible, casi liviano,
y desde mi interior un tic-tac de corazón reloj
alarma mis esperanzas
y las hace escapar por mi boca.

Cuando canto,
desde mis cuerdas vocales
siento una mano tibia
que hace de la palabra canto dulce,
despertar.
Amamos los dos juntos,
zumbido estridente, intención impulsada al labio
desde lo más recóndito del pecho aflora
equilibrista sonido de la palabra.

Intentamos andar,
mover nuestras osamentas en busca del eco
y sin embargo, el sueño de sentirnos voces
es quien se esconde en el aire
dejando por huella sólo un sonido peculiar, propio.
Así va mi voz por tus oídos,
rueda con ternura por tu piel
y hasta con suave susurro de niño enamorado
te hace leerme y duermes, plácidamente
con sonidos y ritmos
y tiernos versos.

Mi voz es inevitablemente mi cuerpo,
este corazón con que escribo,
estos andares de hombre-tiempo.
Somos la voz
donde resumen los sentimientos.

NUEVO DIA

DESDE ti el enorme beso convierte a mi respirar en sollozo. Vienes desde tus adentros causándome un sueño tranquilo, como si la brisa del mar me hiciera distinguir a las escuálidas caracolas cuando bostezo. Desde tus ojos un símbolo de ave, sirena, un crepitar de hojas diseminadas viene a mis pupilas cuando me miras, y quedo contemplándote en la planicie. El llano oculta un color natural cuando tú te haces dormitar, y no escuchas a mi voz que tanto desvela en corazón liviano. El llano es la viviente huella del amor cuando el bosque, los riachuelos y las sabanas hacen trinar a pájaros contentos porque tú estás. El llano de tu vientre es quien aflora en primaveras y hace que las raíces de los más altos dagames corran libres en busca de la savia que aguarda por el regazo de tu cintura.

Desde tu origen nacen enredaderas de jazmines que se hacen lívidas ante el amanecer. El alba es quien no cesa de cuidarte. El alba es el comienzo de tu cabellera por donde eternas margaritas se liberan en busca del Sol. El alba es tu confidente. El alba es quien te hace mujer mientras las montañas danzan su trivial silencio de columnas magistrales. El alba eres cuando me besas con tu sencillez de diosa prohibida.

Llano, alba, poesía mía. Cuando me despiertas desde ti el cálido olor a virgen selvática me hace bostezar, hasta pronunciar un nuevo día.

EL TIEMPO

DIGANME una palabra para identificarle
como cuando uno le dice a la ciruela o al tamarindo,
familiar, o quizás amigo.
De largas miradas que trasluce
su inmensidad se aproxima
y no ha dormido de las andanzas,
ni ha molestado al vecino,
ni le ha dicho a nadie por qué sueña.
Su olor a dólar en las factorías,
abunda en las galerías y conciertos,
y se identifica con los clientes
y propietarios.
—*Valga Dios*—, *enhorabuena dice alguien,*
al verse en el Aeropuerto de Barajas
o en la Capital del Mundo
repleto de regalos y sueños.
Nada lo hace cambiar, ni el destierro.
Caminatas lo estabilizan,
cuando quiere dormir así lo hace
y firma nuevamente al destino
con sus huellas.
—*Valga Dios*—, *enhorabuena dice alguien.*
Una palabra para identificarle.
Un soplido mortal para sus oídos,
algún remedio para su locura
de piedra natural.
Y él escucha.
No padece de sordera,
ni hace atención a las murmuraciones.
Es el tiempo.

VISION

FOSFORESCENCIA, nacida desde tu nombre de calor y frágil eco; abanicada eso eres, como cuando divisan palomas los hombres desde el día y musitan cantares desde tu indomable rostro de estrella fija. Desde ti un canto de arpegios seductores irrumpe en las llanuras, y de los bosques la voz de las sabinas avisa que eres inconfundible. Estatura verdeante, cual florecilla indómita brotando de tus labios endulzas las cañadas de los riachuelos de tus ojos. A ti van las aves: cuántas aves van hacia tu corazón celeste, para cantarte buenos días. Cuántas plumas y cuántos vuelos le llaman perseguidos del rumor de tus trillos atentos. Y el corazón palpita cuando lo tocas al contemplarte, y unidos los valles te desvelan para que levantes tú a flor de agua, para que nos salpiques con tu suspirar de ola y fuego. Isla, sin hacer ruido despéinate con palomas y montañas gigantes. Como caprichoso capullo vístete con fuerza delante de la gente. Escúchanos. Caminamos por los palmares como estrellas perfumadas hay en la mirada.

MADRIGAL Y PUPILAS

Misterios llevan tus ojos cuando besas
y tu piel también me hace pensar;
¿qué hacer con tantas luces de tu mirar
entre los días y las promesas?

Vienes, tibia,
imitando mujer estrella femenina
convertido mi tiempo en niño
cuando sonrojo.
Oh amor de siempre cual llovizna repentina.
Ah; que alivio sentirse con tu calor.
Escucho tu voz que emerge de tus ojos,
canto universal,
eternizada flor que hasta me encierro
egoísta en enojos
por tu perfil astral y voz divina.

Madrigal y pupilas siento que me besan,
abren mis párpados como flor de arroyo
y pronto tu visión va hacia mi apoyo
buscando amanecer mientras envelezan.

ALINA GALLIANO

Nació, en Manzanillo, en 1950. Se graduó en Psicología en el Mercy College de Nueva York y obtuvo su Maestría en Trabajo Social en la Universidad de Fordham. Pertenece al Taller Literario *COLECTIVO CIRCULAR LITERARIO.* Ha ganado varios premios de poesía, como la Primera Bienal de Barcelona (Primer Finalista) 1979 y el premio *FEDERICO GARCIA LORCA* otorgado por el Queens College de la Universidad de Nueva York (1984).

BIBLIOGRAFIA: Tiene once libros de poesía (inéditos): *Retratos y autorretratos, Entre el párpado y la mejilla, El ojo del unicornio, El círculo secuencial, El canto de las tortugas, La oscuridad como labios, Secretos y violaciones, La passante, La orilla del asombro, Detrás de la mirada, El tiempo y otras puertas* (en preparación). Ha sido antologada en *Poesía Cubana Contemporánea* (Madrid, 1986). Los poemas que aparecen en esta Antología pertenecen a su poemario *La orilla del asombro.*

VI

Cuando la calma vuelva
si es que vuelve,
cuando las cosas
por antiguos nombres
comiencen a llamarme
a repartirme
en solidario sur
sobre el aroma
y lo que he sido
vuelva a ser de nuevo
al íntimo engranaje
de las norias:
sobre el eterno rostro
de las aguas,
en caracol, entonces,
desataré
un lenguaje de mareas
que habitará
todas las playas,
todos, los hermosos ahogados,
que las siembran
y en lentas manos
donde el vacío
lo reúne todo
y Dios es
un andrógeno sonido
según la posición
que inventa el ojo,
tejeré una distancia
a cada esquina,
un letal movimiento
hacia el asombro.

IX

Cuando las aguas
después del paso
de la luna llegan
y la mano
en simultánea acción

cubre, abandona,
hace sentir
su mercurial orilla
alimentando aromas
deteniendo
cristales al umbral
de tanta vida
que en derramado viaje
por la resaca
de la piel alienta:
hay un claro espejismo
confinando el espacio,
definiendo
la regresiva fuerza
del tendón que canta
a su mayor altura
movimientos
en nacarada sensación
como si todos
los caracoles
bajo un perfil sin voz
se derritieran
desde un trópico
al sur
de otra mandíbula
en íntima ecuación
con la marea.

X

Detrás de la costilla
viaja el golpe,
su abierta mutación
por los jazmines,
hipnotizando el curso
de la yerba
como si fuese
un temporal
y busca
el más tranquilo
espacio
cuando de un solo gesto

te asesina,
hasta dejarte
en un temblor
sin causa,
embotellando brasas
a la vértebra,
vaciando
tus posibles
circunstancias:
así emerge una isla,
labio adentro
esperando la voz
que ha de traerla
en fronda coloquial
quemando huesos
al filo del olor
mientras te piensa
y en absoluto verde
te reclama.

XXII

De una Isla
jamás
nadie se escapa
es como una mujer
de la cual nunca
podemos deshacernos
por completo;
su verde
nos retiene abiertamente
fuera de todo amor
logra existirnos
ser algo de la calle
y de las gentes:
se levanta contigo
te sorprende
frente al espejo
peinas
su silueta
pretendes olvidarla
pero escuchas

en tus zapatos
el eco de su huella
que imperturbable
a todo sobresalto
te sigue, sin ayuda,
adonde quiera;
es parte
de la cama o el armario
la más antigua risa
que has tenido
el más nuevo dolor
que a ti se acerca,
mientras
te roba el modo
de soñarla
y te busca, te mira,
se te enfrenta
o te reintegra
en latitud de barca
a un erótico
impacto de mareas
como única manera
de encontrarla
en el filo absoluto
de la espera.

XXIII

Para volver
si es que
volver
se puede,
hay que cruzar
la longitud
del límite,
habitar
una playa
sin espuma
donde cada palabra
se disuelve,
tenaz,
caritativa,

entre las piernas
transformando
la frente
hasta dejarla
en un verde reguero
sin fronteras;
hay días en que
busco las ventanas
porque el olor a ti
duerme conmigo
se adueña inevitable
de la almohada
resbala sistemático
a los huecos
taciturnos y quietos
de mi cara,
insensible
a mi esfuerzo
de no verte,
dedo en el paladar
juntando brasas,
como ojo de huracán
al bajo vientre
para luego,
en violenta marejada,
por encima de todo
disolverme en completo
espejismo hacia tu magia;
despertante segundo
donde el hueso recobra
su memoria más lejana
e imitando al cangrejo: se detiene
da marcha atrás
y luego se adelanta.

XIV

Fuera de ti transito
como sombra
en la que toco
y soy tocada

desde tu dimensión
que en su pensar
me envuelve
con una incandescente
sonoridad de playa;
sólo tú en ese plano
de total elocuencia
por el cual deslizarme
abierta superficie
para ser diluida
propiamente entregada
y en regalado gesto,
remota compartirte;
mi mirada contigo
tranquilamente sobra,
no es necesario verte
llamarte a la pupila
si el invisible tacto
de mi voz te conoce
trasfondo en el aroma
de una infracción
más íntima:
por eso si te nombro
mi frontal abandono,
mi incontenible norte
busca tu pertenencia
y en una inevitable
necesidad de pájaros
trashumo a tu espejismo:
nada fuera de ti
puede prestarme
al verde,
ni resolverme
en fronda
o encontrarme.

XVII

Igual que un horizonte
se llena de fragatas
inundas mis perfiles:
te siento bergantín

de la mirada:
lengua adentro navegas
y en espejismo
a mi interior escapas:
no es posible ignorar
el converseo
que de tu voz
me llega en las caguaras
ni la danza sutil
de los cangrejos
reproduciendo
tu ecuación más clara;
como residuo en el olor
te encuentro,
geranio
en el asombro
de mi cara
cuando alargas
la línea de mi frente
y enamorante tu sabor
me embarga el paladar
lo mismo
que un ciruelo;
qué puedo hacer
si todo lo reclamas
si ya no tengo orillas
que ofrecerte
ni hay sitio en mí
que no tenga tu brava
sensación de paloma
en movimiento,
disgregando de verde
la sábana;
ahora que en la distancia
te proyectas:
borde de precisión
en esa exacta fuerza
donde se miden
las mareas,
y el corazón
es sólo la resaca.

JORGE GARCIA-GOMEZ

Nació en La Habana en 1937. Cursó estudios universitarios en la Universidad de La Habana, en la Universidad Católica de Santo Tomás de Villanueva, ambas en Cuba, y en Queens College y Hunter College, en Nueva York. Se licenció y doctoró en Filosofía Pura en la New School for Social Research, Nueva York, y ha completado estudios doctorales en Literatura y Lingüística (Español) en la Universidad Complutense de Madrid y la State University at Stony Brook, en Nueva York.

Ha sido editor de varias revistas: *INSULA, HORA DE CUBA, ABRAXAS* y actualmente es catedrático de Filosofía en Long Island University, Southampton, Nueva York.

BIBLIOGRAFIA: *Ciudades* (Madrid, 1964). Ha sido antologado en la *Antología poética hispanoamericana actual* (La Plata, 1968), en *Poesía en éxodo* (Miami, 1970), y en *La última poesía cubana* (Madrid, 1973), entre otras.

LA LEJANIA
es abanico
          se abre
lentamente cubre la piel
de los transeúntes
hasta las manos
quedan temblorosas llenas de inmensa
nostalgia
La marcha de los caballeros
aún no ha terminado
y por todas las torres se asoman
doncellas
          descabezadas
agitando
banderas
        serpentinas
              trémulos regazos
de espuma
        que no fueron
              nunca
mancillados
Ay quién fuera juglar
donde el verdor
de una sonrisa
de una mano amplia como el llanto
es un patíbulo pintado
NO SE ES YA HOMBRE
Lejos, quizá en otra morada
será posible
estrechar las manos
y mirar entre las pupilas
para sentir
        no sé, se olvida ya
entre penumbra casi como si
no se tuviera más cauce
en torno
para sentir un salto brusco
de paloma
aquí donde hay ahora

sólo
nostalgia
Espectros
van fingidos y
ofrecen flores a uno y otro
como a quien no importa
si cuentan los segundos
                              sobre
                              un lienzo
      se desprenden lágrimas
      de la carne de los poetas

EL SOL DE HIELO
que alienta en el umbral de tu casa
es fuego cincelado.
Habitación de silencio puro,
soledad que sigue suavemente
tu sombra interminable.
Tú, el invisible,
vives junto a mi boca.
Eres el Señor de los palacios que se ocultan
en la sombra.
Cálida tiniebla
como árbol de mil tentáculos.
Tu caricia, cautiva en cada borde
de la voz,
nos ahoga lentamente en el silencio.
Palacios que van desocultándose
sin término,
fuga de caminos entre el polvo.

HAY UN MOMENTO, SIEMPRE,
oculto en el flujo,
que nos asedia, en el sentir, entre las cosas
y su sombra.
Nuestros días pasan, uno a uno,
las parejas,
los silencios que nacieron y transcurren.
Todo el cúmulo del llanto, la totalidad del mundo.
Y, sin embargo, nada pasa —los hombres son
la calma, el día, el viento.
Están siempre erguidos,
en vigilia.
Pues no hay tiempo ni esperanza.
La muerte se yergue
en nuestras manos
y nos mira.
Los ojos son los ojos ahora, la mirada concluida,
la pasión de lo finito.
Es el caos circular
como el polvo entre la tierra.
El tiempo de los dioses es memoria.

EL OJO EN TORNO SE REVIRA
es espejo fiel
de su esperanza
Cuenta a dos, a una
y es un círculo de tinta:
dos calaveras lleva, dos en una sombra
El silencio gotea con soltura
en el baile estival de las canciones
La sombra rígida y traslúcida
lleva sobre el pecho
una cruz torcida
La procesión clava
dientes o
puñales
en la carne del santo choncho y rechoncho
Gira la espesura
de las piedras
El puerto, la alcaldía, la oficina
del gobernador
caen con primor
          es todo un largo, sonoro
                              presentimiento
del ápice oculto
del encaje.

CUANDO PUNTO A PUNTO UNO RECORRE LOS
                                                    [LIMITES
de la luz,
la calle que gira entre la noche,
el grito, la lujuria.
(Las casas que vibran en el alto fuego,
el sol que huye entre el polvo
de la tierra.)
Cuando uno se levanta de las arenas de los parques
y marcha lentamente entre faroles encendidos siempre.
Sobre todo si se va en busca de figuras,
de perros y ebrios bailarines.
(Porque todo vibra, se yergue en mil piruetas
como sangre que salta sobre el vientre.)
Cuando uno camina, sin ninguna prisa,
contemplando las estrellas —los agujeros infinitamente vacíos
de las estrellas.
Esas miradas que permanecen
junto a nosotros
en la noche de la ciudad, junto a los bustos y a las marionetas.

LA FUENTE
roja
de las lámparas
ha guiñado
Ay de ti criatura sin alas
El cielo está
invertido
Las víctimas
y las mujeres de los jinetes
han pintado
el sol
con estuco
No hay noche
ni horas declinadas sin cesar
por los oficinistas latinos
Queda sólo un instante
mordaz
de hielo
          clavado entre la espalda
en el viento
secreto nombre
sin sílabas inaudible.

EN EL ROSTRO LA SEÑAL DEVORADORA
que se aparta del cuerpo
en una sombra.
En el cuerpo está el abismo,
donde se oculta el gesto.
El cuerpo es la casa de las miradas,
donde yace cautivo
cada borde
de mi antiguo rostro.
El rostro es un enigma que gira
hacia la entraña,
un abismo del silencio.

REINALDO GARCIA RAMOS

Nació, en Cienfuegos, en 1944. Licenciado en Lengua y Literatura Francesa por la Universidad de La Habana. Estuvo vinculado con las Ediciones *EL PUENTE,* donde publicó su primer libro de poemas, y fue co-autor, junto a Ana María Simo, de la antología *Novísima Poesía Cubana* (La Habana, 1962). Desde la desaparición de las Ediciones *EL PUENTE* en 1965, García Ramos no volvió a publicar en Cuba.

Desde 1980, que abandonó la isla, vía Mariel, reside en Nueva York, donde trabaja como traductor y periodista. Sus poemas y críticas aparecen en *LINDEN LANE MAGAZINE.*

BIBLIOGRAFIA: Acta (La Habana, 1962) y *El Buen Peligro* (Madrid, 1987). Ha sido antologado en *Poesía Cubana de la Revolución* (México, 1976) de Ernesto Cardenal y en la *Antología de la Poesía Cubana* (Lima, 1968) de José Miguel Oviedo.

L'AGE DE RAISON

Nunca había sentido estas voces humanas;
Sólo el viento, más recio a algunas horas,
El estallido sosegante del oleaje,
Acaso gastadas instantáneas del progreso,
Muy lejos,
O los sonoros pasos de los visitantes
En el enorme caserón de la niñez,
Cosas así.

Y también, como un augurio en pleno atardecer,
La vuelta siempre de los ladridos de los perros,
Los golpes de la ventana abierta cuando iba a llover,
Y al día siguiente, muy temprano,
La acogida silenciosa del cielo
Y el viaje musical de las nubes;

Pero estos ávidos espasmos que se suman
A la tranquila rigidez,
Esta sonoridad tan blanca del espanto
En memorias que aún estaban creciendo,
Estos silbidos de desastre y torpeza que atraviesan los sueños,
Son algo nuevo.

ALICE TOKLAS, EN SU BANCO DE LOS AÑOS '20

Estamos aún leyéndote, muriéndonos de risa,
Mi gran Alice,
Y cómo nos estremecen tantas celebridades—
Tantos salones especialmente iluminados, exquisitos
Y las manos en los guantes de fieltro,
Los sombreros de paja,
En aquellos días en que Guillaume Apollinaire
Prestaba trajes de su hermano banquero
Y la señora del pintor quiso inaugurar
Una casa de modas en la Rue Ravignan:

Coincidían las prisas de aquella primavera
Y las monedas rodando sobre la mesa de mármol,
Mientras tú destapabas cajones de sorpresa
Con la precisión de una tejedora vermeeriana.

¿Qué tal te sientes,
Mi amiga del asombro y del callar sobresaltado,
En ese Pabellón de los Independientes
Donde han vuelto a caer goteras,
Se han rajado los vidrios
Y no se ve tu cara en la humareda de los hierros que estallan?

MUSEO HISTORICO DE ARTE, VIENA

Para Isel

El viejo Brueghel se ocultaba, y lo sabías,
Tras el gran sayal de la figura de la izquierda,
Como si llegara tarde al baile y ya no viera
La rueda de la abundancia detenida:
Cuatro caminos cardinales para el bello animal,
Sin que de esto se enteren los divinos labradores
Que cortarán el tiempo y cerrarán un círculo
Innegable de justicia con un silbido de herramientas:
Cuando cada hoja de metal encuentra
El primer punto de partida,
Surge la siesta y las mujeres abren los delantales blancos
Para los alimentos.

Sabías también que tus pequeños descendientes,
Avidos aprendices de tus trampas,
Dominarían todas las violencias
Antes de ser comprensiblemente degollados
Como si fueran ángeles—

No te deslices entonces por el paisaje nevado,
Tan tarde y con tus perros,
Tratando de llegar sin que lo sepan
Hasta el pintor idealizado a pedirle clemencia:
Tanto tú como él,
Con el bendito sudor de la jornada,
Y tras el último golpe sobre el trigo,
Usaron armas limpias para entregar tristezas.

CRECIENDO EN EL SUBSUELO

¿Cuál es el nombre
De estas ciudades extraviadas?
¿Cuándo dejaron sobre esta hierba sugerida
Tanto trazo de fuerza,
Mostrando su inclemencia
En los espacios menos altos?

Aquí se ven fragmentos de un sitio despoblado;

Las voces de la fiesta resuenan más abajo,
Al borde de las aguas,
Donde se compran flores enardecidas
Por la luz del metal.

Allí el viento exalta
Con premura las piedras,
Y cruza siempre el peso del deseo,
Como una breve decisión.

POR DAGUERRE

(Una muestra en el Metropolitan Museum)

¿Cómo era que estos papeles de la muerte,
Que estas sombras desesperadas y sin uso
Iban a ser comidas por los años,
Borradas en el vaho del tiempo,
Arrastradas al sol por viejas aguas corrompidas
Y torpes desperdicios?

¿Haciendo uso de qué rítmicos desgastes
Iba el movimiento de los astros
A sellar
Estos pobres lugares,
A someter a olvido
Esas criaturas confundidas,
Pasmadas ante mí como hermanos de sangre?

En ellos se me entregan
Mis más claros contornos, sin palabras,
En esa cartulina ennegrecida están mis guerras,
Mis más torpes reclamos,
Mis secretos.

Huesos y maderas,
Enormes floraciones sin olor,
Puentes que nunca habré cruzado,
Calles sucias, altivos esperpentos,
Presencias que me buscan y me expulsan
Desde ese sitio apresurado en que los puso
Un inventor innecesario.

POR FIN HACIA COLUMBUS CIRCLE

Sopla tu suerte
Con premura
En la avenida bloqueada por las frutas,
Y al entrever las maravillas
De otro espectro real,
Para que puedas escuchar el alarido
De las sirenas imperiosas,
Necesitando algún desastre.

Pide la brisa
Que estremece la fuente del navegante solitario,
Pronunciador de mundos,
Sin que tus muertos te amedrenten;
Que aunque en las cumbres de la plaza imprecisa
Tus monedas desplieguen su amenaza,
El agua incandescente a lo mejor permite
Que otras sustancias primordiales te reencuentren.

FINALES DE UN INVIERNO

Dejándoles una mirada y cierta duda,
Los árboles abren su centro a las estrellas
Y tanta idea resplandece en sus hojas.

No sabemos
Dónde termina esta barriada polvorienta,
Ni si esta vez los cuerpos recobrados
Podrán alimentarse como dominios proverbiales;

En la cercanía,
Las mismas fronteras de la tierra
Separan sabiamente cada pequeña luz cerrada,
Y las nuevas ventanas perdidas en los cielos
Disuelven revueltas precisiones;

El puente y su metal sueltan a veces
Vibraciones de fuegos estelares,
Creciendo bajo el agua y las piedras verdosas
Ya muy tarde,

Y se recuerda que el suelo suave y poderoso
Arderá entre sospechas,
O que la niebla helada del espacio y los astros
Podrá desvanecernos,
Pero de ese pavor enardecido brota el viento
Y el olor de la hierba.

LOURDES GIL

Nació en La Habana. Desde 1961 reside en los Estados Unidos. Estudió Lengua y Literatura Hispanoamericana en la Universidad de Fordham y en New York University. Fue codirectora de la revista literaria *ROMANICA* de 1975 a 1982. Trabajó como editora y traductora de Hearst Publications, obtuvo la beca Cintas en 1979, y recibió el Premio de Poesía de Bensalem Association of Women Writers en 1985. Ha participado en los Congresos Internacionales de Escritores de Caracas (1981) y Santo Domingo (1983) y en la Bienal de la Poesía de Bélgica (1984). En la actualidad codirige la revista literaria *LYRA* y es presidenta de Giralt Editorial.

BIBLIOGRAFIA: *Neumas* (Nueva York, 1977), *Manuscrito de la niña ausente* (Nueva York, 1979), *Vencido el fuego de la especie* (New Jersey, 1983) y tiene inédito: *Blanca aldaba preludia.*

KALOS

Bella
desafiante turista de tus hebras
sin percatarte tú
ni nadie.
Me besarás los senos
y hallarás una epidermis gélida
forma de fierro negro.
Yo estaré saturada
en tu pasión que me hace estéril
y agradeceré tu palabra invitante
a morar en el país de la dureza.
Y querrás siempre palparme
como a estatua
e hincarme con tu carne.

REESTRENO

hastiado del pigmento salta
Baltasar Carlos de la tela abdica
con regio puntapié a Velázquez
con gritos a la tarde
apunta el hierro en el Retiro
la mano enjoyelada
cómo ya lanza
el príncipe su terciopelo negro
entre aceitoso revuelo de los patos
que rizan su juego en el estanque
cuando enrojece el cielo
cárdena nube lo clava a mi retina
y a un tiempo entramos
por vía sacramental al primer auto
ya corrido el telón
escenifica
Baltasar Carlos vistiendo mi figura

A NIJINSKI

Tuerce esa tu mueca
de dolor suspenso en la sonrisa
ávido Nijinski
de quebrar una perfecta simetría
en el vacío
con tu salto
contorsión muscular
en trágica aprehensión del equilibrio
entre la luz y las tinieblas
espectáculo o lujuria
fauno
despojas el arte y alzas
la falda fatua de lamé al hado
de la asexualidad exégesis
magister danseur penetras el silencio
a perpetuar la rosa
en el humano espectro.

CONCEBIDO EL HOMBRE

Hay un húmedo orden estrenándose en el barro
un eco de adobe en el olfato
una vastedad poblada de sonidos
un zumbido en la corteza.

El lenguaje, vivo, va urdiéndose en la arcilla
el pensamiento de stiletto
la idea erguida en la materia sinovial
(ah, incienso)
membrana del frijol, pelliza de lo cierto.

ALEGORIA FINAL

Si atrapada en la red que es silencio de poetas
(contemporáneos míos, coetáneos
los desaparecidos, los de la lengua extraña
las voces que en los libros me reclaman)
si mi bozal de flores (no sé si impuesto
o deseado) y las manos extendidas para el verso
trenzando el día, hurgando el crispado sabor
de la materia, el consuelo líquido del agua,
la reluciente frialdad en la porcelana.
Si turgente en mis imágenes y a intervalos
visitada por mis muertos, que en saltos rítmicos
me tornan catapulta hacia los cánticos de Orfeo,
hacia la temperante y final alegoría:
Eurídice, Eurídice, tu redoble en mi cabeza.
Es porque acude el blanco dedo enhiesto
a colocar pacientemente las tinajas
irrumpe el soplo vertical, donde lo cotidiano
fluye y continúa. Y aunque no haya página
o palabra que me admita o nombre, gravito
(piel pegada) hacia ese dedo mismo que conjura
las colinas del descanso, el que a la luz
alisa el paño por los surcos revesados
del cerebro.

DE LA FORMA, DEL ARBOL, DE LA PIÑA

La forma perdida es un batracio
hundido en su membrana, plegado
en el pulgar, cosido a la muñeca.
Y por no ser visto o escuchado
lo creemos muerto:
irrecuperable, por tanto, en la materia.
Mas vive.
Mientras el árbol enriquece en su corteza
los anillos, su blanco corazón de piña y pino,
su musgo cilíndrico se enrosca
como organillo fiel a Rigoletto
como guano bendito por Pascua se despierta
despliega las raíces, se eleva en cataclismos
y desprendido, flota.

BALADA DE LA MUJER CON ESPEJO

Ella se sentó frente al río, que era un plato bruñido.
Palpó los bajorrelieves gruesos de plata
y suspiró al amor desventurado.
La luz entrecortada y tenue (rosa del amanecer)
le hirió sus párpados con regocijo.
Anticipó las campánulas de los niños
los finos canutos doblegados
y el hermoso fulgor en los ojos calcinantes
desde la otra orilla.
Los bravos muslos iban partiendo las ondas
al espejo, iban los labios
mordiendo al corazón las alas.

ANTONIO GIRAUDIER

Nació, en La Habana, en 1928. Se doctoró en Derecho Civil en la Universidad de La Habana. Fue editor y crítico de poesía para *MO-DERN IMAGES* en Illinois, Estados Unidos, y crítico de poesía para *ARBOL DE FUEGO,* Caracas. Además de poeta es pintor y pianista, recibiendo innumerables premios y menciones honoríficas como tal.

BIBLIOGRAFIA: *Prosa y verso* (Madrid, 1962), *Rainswill* (Philadelphia, 1962), *Poetical notes for 24 collages* (New York, 1966), *Aceros guardados* (Madrid, 1966), *Selections from five works* (Chicago, 1968), *Acorde y asombra* (Madrid, 1969), *The inner room, weaving and sifting within the realms of the poetry paths* (Charleston, 1972), *A trilogy and work notes* (Charleston, 1972), *Two works* (Charleston, 1973), *Ten remembrances for Don Quixote and other works* (New York, 1975). Ha sido antologado en *Poesía en Exodo* (Miami, 1970) de Ana Rosa Núñez.

HORARIOS DE NUEVA YORK

Altiva Nueva York.
Acero fundido.
Agua asfaltada.
Escalas al gris.
Filtros de azul.
Libación de momentos.
Versos de anhelo.
Sonrisas prendidas.
Rápidos cielos
y veloces ruidos
mirando a un reloj.

INTIMIDAD DE AZUL

Templo marítimo
es esa roca bañada
por gentil espuma,
filigrana soñolienta
del mar azul.
En su base, una sirena con arpa,
a manera de acólita guardiana
o musa leve,
musita versículos
ancianos,
legendarios,
exclusivos también
para poetas y artistas del camino,
que sepan asombrarse aún
ante alturas, rarezas,
momentos, músicas
y amores especiales, que emanen
de lo íntimo del Azul.

VENTANAS DE PRIMAVERA

Yo te hice ventanas
de primavera eterna,
esperando comprendieses
la importancia de la estación
de la esperanza.

LAS MUSAS

Las
musas
recogieron
el
conglomerado y los
niveles adyacentes, etc...
y
con él,
hicieron
un
caso
abstracto,
y
así
fue que se
centró la esencia

VISION ROMANTICA

Intrínsecamente, la esperanza del romántico tiene un sentido de verdadera razón visionaria. El mundo, generalmente, no ayuda a la realización de esta visión.

NIÑO LATINO

En corazón y mente,
culturalmente,
el
niño latino
puede
ir
compaginando,
con cuidado cercano,
las
culturas
cercanas
a
la
suya.
El niño latino,
con un cercano
cuidado, alerta
atento,
puede.

LA HABANA

El recuerdo de ese vaivén, de ese cimbrear del cuerpo y de la mente. Tan especial, coloreado, en la memoria, con rosas claros, azules leves, colores castaños, brisas... y con el sonido seco de los tambores que, ahora, humedece los ojos, alejados, con añoranza...

Nueva York, 1987

MAYA ISLAS

Nació en Cabaiguán, Las Villas, en 1947. Reside en Estados Unidos de Norteamérica desde 1965. En 1978 obtuvo la Maestría en Artes (MA) en Psicología General en Monclair State College, New Jersey. Fue profesora bilingüe en las escuelas públicas de Nueva York, durante cuatro años. Actualmente trabaja en Parsons School of Design, en Nueva York, en calidad de Consejera de estudiantes que se preparan en el campo de la Ilustración, Diseño Ambiental y Bellas Artes.

Fundó en 1981, con José Corrales y Mireya Robles, el Cuaderno Literario *PALABRAS Y PAPEL* que se edita en Nueva York.

BIBLIOGRAFIA: *Sola... Desnuda... Sin nombre* (Nueva York, 1974), *Sombras-Papel* (Barcelona, 1978), *La Mujer Completa* (Nueva York, 1985). Entre los premios literarios recibidos vale resaltar El Carabela de Plata en Poesía 1978, por el poema «*Palabras del Ave*» y el Premio Letras de Oro 1986 (Finalista) de la Universidad de Miami, por su poemario *Altazora acompañando a Vicente.*

I

«Mi reino no es de este mundo»
dijo Narcisa
después de conocer
el tráfico del útero,
y parecía nadar armoniosamente
llena de ella misma,
pero vacía de todos.
El imperio llegó
y ella pensaba
con el mayor deseo
en atravesar las aguas de la tierra
y conocer la soledad secreta de la lengua.

Narcisa se evaporó de las gardenias
y nació
en un carnaval brillante e increíble;
niña desnuda
a la lujuria de los ángeles,
se encontró
con la gracia prohibida del corazón
y sus cosas imperturbables.

II

El ojo redondo emitía perfume
y Narcisa probaba el sabor de la batalla;
cansada de los mares
y de sonidos infinitos
abrió su boca
y se dejó querer.
La carne encantada
tenía memoria de su silencio,
el odor poderoso de los cristales
le dio a conocer
la luz de sus fantasmas
abiertos en formas geométricas,
escalando su cuerpo,
formando una cuna de espejos.

Narcisa rezaba a las caricaturas
entre mares vagabundos
y dulzura de serpientes;
barco esperanzado
ajeno a las bestias
y a los ojos indestructibles de la oscuridad.

III

Narcisa llamó a su mente
el golfo de alas voladoras.
Su corazón raro
entendía el significado extraño
del lenguaje
que nunca explicó
a pesar de la captura.

Los monarcas sagrados
llegaron a la orilla del mar
y le declararon la guerra
mientras las catedrales
ladraban a la esperanza.

La luz prisionera de las serpientes
se rompió.

Narcisa bebía
de las tumbas de mármol
un fuego esencial
que le llenó
de flores pálidas las venas.

IV

Narcisa recuerda
con la voz vibrante de las vírgenes
que todavía hay tiempo
para ser mortal
y compone un verso solemne
repitiendo
la letanía de los astrólogos.

Narcisa dijo:

«El viento y yo somos uno»

V

Narcisa continuó con las visiones
de los multiplicados
a pesar del final de su eternidad.
Los pájaros irónicos
abrazaban todos los símbolos
de la inmortalidad;
ésta quedó atrapada
en el momento fugaz de los cuchillos.

Como no sabía ser iconoclasta,
desde el fondo de la creación
Narcisa construyó
el tejido de los árboles.

Los perros favoritos de la niña
palpitaban evitando la piedad.

VI

Narcisa regresó
al movimiento inverso de la vida
para continuar vistiendo a la humanidad
con la belleza perfecta de su sombra.

Narcisa emergió incompleta
con el llanto de los metales,
y a pesar de su canto
a los santos heroicos,
     los ciegos vieron el caos
con la dignidad del intelecto

La crueldad era posible
mientras el Espíritu vigilaba.

VII

Caín, que era omnipotente,
le besó las rodillas
con una mirada próspera y satisfecha
que estableció el reino de la maldad.

A Narcisa
el pie le sangra solitario
saturado de espadas.

IRAIDA ITURRALDE

Nació en La Habana. Reside en Estados Unidos desde 1962. Se graduó en Ciencias Políticas en las Universidades de St. Peter's, New York University y Columbia. Ha sido profesora de Ciencias Políticas, Ciencias Sociales e Idiomas. Coeditó la revista *ROMANICA* de 1975 a 1982. Obtuvo la beca Cintas (1982-83) y premios literarios de la Ford Foundation (1980) y el Mid-Atlantic States Arts Consortium (1984).

Actualmente es codirectora de la revista literaria *LYRA*, que se edita en New Jersey.

BIBLIOGRAFIA: *Hubo la viola* (1979), *El libro de Josafat,* edición bilingüe (1981). Tiene en imprenta un tercer poemario, *A la sombra de la imagen,* publicado por la Editorial Giralt.

JOSAFAT, HIJO DE ASA

En aquel tiempo en la enramada, vuelta
la luz al diseño del agua. Asa el rey
engendraba un hijo, y consagraba el vino
de su aroma en el fuego transparente
    del mármol.

Sobre un lecho reclinado, suelto el diván
de su raíz en bríos, sonaba el viento
su pregón de plata: una trompeta abierta
en falo, de lengua y médula encurvada
que con celo empuñaba al hundirse en
    la garganta.

Quemaba el viento: Josafat nacía, la rama
antigua de su piel se deshojaba, y escondido
en el flujo de su madre, pisaba el príncipe
la arena bajo el árbol, trompa hueca en el seno
    del menguante.

Doblado al centro de una
              flor de loto
soñaba alegre con su elefante blanco.

ESMALTADO UN CABALLERO EN EL ESPEJO DE SU SOMBRA

Qué paso de liebre en el fuego del encaje
el canto aún doliente tras la reja,
oscuro se monta el jinete en su fajín de mirra,
oscuro se encarama en la montura fugaz
que lo adormece.
Murmura el jinete,
murmura remoto en su jardín de espejos
y qué incienso se derrama entre las venas
·qué amarga la espuma que le moja la garganta,
lenta le fluye hasta el fondo de los ojos
trepando leve por el inmenso
espiral del alma.
Solo ya el jinete
gritando tras la reja del gran bosque,
vislumbra el vuelo triste y somnoliento
de un conejillo en la espesura.

EL TIEMPO DE HOY

En el reflejo interminable de los ojos, en el augurio
                    de la oración escrita, afincada y
                                              [quieta
                         como nunca firme en la
                                          [solapa,

se percibe el bulto de los bombaches antiguos, polvoreados
                                       hilo a hilo
                         en el cruce diario del
                                       tranvía
                         en el juglar
                                  [incierto,

en cada sílaba se bifurca un verbo, susurra a la letra un him-
                                                    [no
                    finamente ribeteado de notas cunei-
                                               [formes,

en el ballet de boinas y banderas en desfile, se vislumbra
                         la prueba rigurosa,

se ensaya violentamente un verso, nace desnudo
                    y casi imperceptible, el desencuen-
                                              [tro.

SANTIAGO

Para Antonio Guernica

Por qué no sube el tiempo
como el niño, de maromas a las ramas
si la Isla, como frágil colibrí
flotante se golpea, y el azafrán destiñe
las glorietas elíseas de las calles.
La siembra de recuerdos, cañada ecuestre
de carrozas, se cuela como un sueño
por las lomas desdobladas,
y las rejillas le ocultan
el viento del otoño al calendario.
Vendrán a reclamar las hojas
un solo mamoncillo, como un paseo a pie,
con un cocuyo en cada oído, por
la Plaza de Marte.

RETRATO DE LA LUNA ENREDADA EN ABALORIOS

«de este cuerpo eres el alma
y eres cuerpo de esta sombra.»

SOR JUANA

Creyó en el sainete,
con el ánimo risueño, de los signos
y en la alquimia de las hojas
grabadas con relámpagos de estrellas.
Curiosa ante su espejo,
se hilvanó en el cerebro
una cúpula de sílabas
y ante Isis, postrada,
dibujó el cuerpo del espacio en una celda.
¿Pudo ser esa doncella
de la frente cubierta
la pasión escondida de la idea?

Como un pirata en su galeón, amparado por la bruma,
asaltaba el universo en San Jerónimo.

DE REPENTE, ORFEO EN LA METAFORA

«Me perseguirás de la muerte al nacimiento
Por el sendero doloroso de las creaciones,
El glorioso sendero de las creaciones.»

HERMANN HESSE

Así nos sorprende Orfeo en su abundancia,
en el áspero placer de su negrura intacta:
el fino sortilegio de su abismo
plasmado de repente en la pupila, su desnudez
de cera en la visión sombría de la fuga. Nos
cincela así la muerte, gran niebla de fuego,
su fantasma: una lira flotando sobre el Ebro,
Orfeo prendido a la garganta.

Hoy y ayer, también así
tan de repente, muere Sara.
En un rincón de ámbar madrileño, la cuerda
floja del pincel quebrada sobre el lienzo,
Orfeo besa sus ojos, la incita al sueño. Se oye al azar
un piano lento, y cae la madre de Luis, de Felipe,
de Lorenzo.

En el rostro de Sara,
su mosaico: una pieza de Lecuona, el arrullo de su risa
grabado en el teclado, dibujos repletos de amapolas
y centeno, la caricia interior de un azulejo.
En la sombra de su voz, el eco: una Navidad nocturna
y habanera, la ternura insinuada del desvelo.

Al tornar,
Orfeo se detiene bochornoso en su deseo, deshila por las
                                                                    [aguas
su manto de argonauta, febril entona ante la dama
su música de invierno.
Mudo al fin en su canción de arcángel, se ciñe al cinturón
su cornetín de oro. Y Sara gira casi alegre en el reflejo.

Un hijo en el desierto
espera taciturno a Orfeo.
Quiere robarle una metáfora, arrancarle a trozos
la máscara de seda. Y de repente siente a Orfeo
prendido en su garganta, como un erizo en el vacío,
atragantado hasta el umbral por el sonido dulce
de su aliento:
en su pulmón izquierdo late incesable Sara,
madre de Luis, de Felipe,
de Lorenzo.

JOSE KOZER

Nació, en La Habana, en 1940. Reside en Nueva York, desde 1960, donde es profesor de Lengua y Literatura Española en el Queens College de la Universidad del Estado de Nueva York y dirigió la revista literaria ENLACE. Ha obtenido el Premio JULIO TOVAR de Poesía (1974) y ha sido antologado en *La Ultima Poesía Cubana* de Orlando Rodríguez Sardiñas (Madrid, 1973). *Antología Poética Hispanoamericana* (Argentina, 1978), en la *Antología de Poesía Hispanoamericana (1915-1980)* de Jorge Rodríguez Padrón (Madrid, 1984) y en *Poesía Cubana Contemporánea* (Madrid, 1986).

BIBLIOGRAFIA: *Padres y otras profesiones* (1972), *Poemas a Guadalupe* (1973), *De Chepén a La Habana,* en colaboración con Isaac Goldemberg (1973), *Poemas de Guadalupe* (1974), *Este judío de números y letras* (1975), *Y así tomaron posesión en las ciudades* (1978 y 1979), *La rueca de los semblantes* (1980), *Jarrón de las abreviaturas* (1980), *Antología breve* (1981), *The ark upon the number* (1982), *Bajo este cien* (1982), *La garza sin sombras* (1985) y *El Carrillón de los Muertos* (1987).

CONTIGÜIDAD DE LA IMAGEN

La idea del cielo nevado contiene al ciervo que bordó
                    mi madre en un lienzo.

Tiene sed, anochece: una sed inveterada entre el sillón
                    de mi madre meciéndose y el
                    lienzo otrora que anoche
                    completara.

Observa, su mirada alcanza al ciervo ante el pozo impoluto
                    dos rectas severas hasta la
                    imagen del halcón suspenso
                    en el cielo.

Oye mi madre las agujas bordar el envés de una arpillera
                    oye rasparse sus manos de
                    alisar, alisar: el gran
                    espacio de la silla al lienzo
                    de un bastidor a otro de la
                    tela contiene la figura de mi
                    madre, bajo bóveda.

Hay un resorte sólo para el halcón hacia el ciervo para la
                    idea de la sed imperfecta en
                    el pozo, sala del convencimiento
                    que la rotación de una estrella
                    era la sala: un resorte falaz
                    para la sombra del halcón sobre
                    el ciervo.

Se deshizo la tela, Alecto irrumpió: se distrajo mi madre
                    todas sus ocupaciones el aro
                    pisoteado de sus espejuelos
                    sobre la idea fraccionada
                    de la escarcha.

Una lámpara bulle mental en la habitación contigua: astas,
            un hilo abierto reproduce un
            alto a su trajín homogéneo a
            la hora de almuerzo aparece
            el sillón tras las persianas
            echadas una luz filtra su
            cono al ojo que remata una
            puntada.

ESLABON

La orilla del lago invadida de espadañas el pescador
            entre las espadañas.

Sus pies hundidos en el limo, minúsculos crustáceos.

El gavilán padece la representación del hambre en los
            ojos del pescador.

Res, su hambre: la vara de pescar (rige) el pez ensartado
            surca la bruma del aire sus corolas
            recorren en recomposición la forma
            primera de la luna que encabeza el
            aire indicio del anochecer su boca
            de meandro en meandro de vocal en
            vocal, a la aurora: vio el olmo la
            raíz en las ramas las barbas del
            pescador entre las ramas.

Resbaló, el pez: cayó a sus pies (debajo) un enjambre
            somnoliento de crustáceos.

Limo, minúscula cuesta vegetal del hambre.

Desciende, el pescador: su adolescencia recoge por los surcos
            inversos de la noche su madre reaparece
            loza gruta en las ramas.

Se desprende: premisa el gavilán en la mirada del pescador.

En los ecos concéntricos de la superficie del lago (bruscas)
            las espadañas.

LA REAL CANTIDAD DEL SONIDO

El sonido metálico intermitente sobre los techos de la
        ciudad, era la urraca.

Luego el fragor encima de alas con su ruido de cascos
        quebrando la escarcha, eran insectos.

Más arriba, dos alas: en sus piernas desnudas se hizo
        visible el fulgor del rubí entre los
        muslos el azabache hirsuto de un
        escarabajo.

Aquí hablábamos de espadas flamígeras su péndulo inmutable
        su rotación de completos heptágonos
        sobre nuestras cabezas.

Que nos corona el gallo: entre sus muslos resplandece la
        gallina clueca, plácida.

No fueron visibles nuestras ropas los mismos cuerpos se
        confundían merecedores de la recta
        impecable que gobernó nuestra presencia
        acaso desproporcionada, un instante:
        el corte de luz hizo que viéramos entre
        las piernas del otro la amarilla
        resonancia del arpa bajo el delantal
        que nos cubría las desnudeces reaparecimos
        éramos otros, de bisectriz.

EL LLAMADO

La intensidad así como la extensión la ramificación del
          único plátano de Indias que aquí queda en
          el centro de las edificaciones del lugar,
          nos cobija.

De qué no pregunto viro la cara el árbol aporta para algún
          otro lugar la posibilidad del heno los
          graneros la posibilidad atroz del fuego
          en la sequía (aporta) el árbol la
          subsistencia del zorro en la madriguera
          oigo los helicones (trompas de caza): eso
          está vivo (escarabajos) (coleópteros)
          el reverso, del árbol.

El sonido metálico de los instrumentos de viento se llena de
          herrumbre la piel del zorro, de mataduras:
          las hembras del lugar llenan de leche los
          odres de la vendimia sus varones lijan
          raspan mellan afilan lo mellado se atestan
          la boca del centeno recién vertido de los
          costales (vuelto) pan: allá, puerta o
          raciocinio detrás de las puertas o allá el
          azogue templando a la intemperie el arpa de
          los cereales cuajados: el cuarto se equipara
          a la puerta, a la extensión.

He soñado, fachadas blancas en las que una veta oscura repre-
                                                   [senta
          la probable sazón del árbol único cuya sombra
          inmóvil permanece día y noche representada en
          alguna de las edificaciones del lugar, yo no
          viro la cara: yo miro (miro) cuanto engendra
          cuanto se encumbra cuanto sueña su duración
          de la puerta a la calle a los orificios
          (vuelta) las puertas; aumentan, susodichos
          aumentan de generación en generación ciertos
          de actividad ciertos de inteligencia (análogos)
          prosiguen del varón a la hembra a la forma
          parcial que no desaparece y reaparece búho
          pez ballesta (multitud) amada.

No saben, del cereal: no saben del filo de la hoz que azulea
                                           [un
        instante (vivifica) llena los heniles las trojes
        las espuertas (vivifica) en pandero en las manos
        de la hembra entre las manos del amasador crece
        el barro (crecen) vasijas de harina (pan)
        conformado, a la mesa.

Eso, es allá: me detengo un momento (brusco) veo las
        edificaciones desde esta ventana (viro)
        el rostro raspo algún olor amado a centeno
        en el viejo hoyo peristáltico de los
        cuadrúpedos raspo la consternación del
        trigo hecho carne (harinas) en la rota
        matriz, de las yeguas: sólo (allá) nazco
        me vuelvo (reaparezco) bajo el tamaño de
        toda la madera (acacia) (plátano de Indias)
        (lombriz que procede sin corpulencia propia)
        (consternación del pez como asunto reflejo
        en el azogue) estoy donde las aguas vierten
        su frondosidad en la harina que amasan
        (espolvorean) distribuyen a la cesta los
        fondos del delantal que alguna madre
        herbívora reparte (nos roza la frente con el
        dedo que se pasa por la lengua) (ujier:
        guardiana) instaura el hambre.

ENSIMISMAMIENTO DE LA LLUVIA

Epoca del año de las lluvias la calle invierte el vuelo
        despedazado de un ave, cuatro rombos.

La calle descompone a mi paso unas espaldas anchas cabeza
        rapada hacia delante su plegaria hacia
        atrás el espesor de unos brazos en alto
        a la lamentación.

Raso negro su vestido floreado del domingo a retazos la
        magnolia roja deshecha en las calles que
        se deslizan mojadas ella es agua aquel
        domingo en su mecedora.

Oye la flauta del danzonete se le hizo flecos la guayabera
        de charco en charco el rectilíneo pantalón
        dril un jirón la mano al cigarrillo a
        alguna rama absorta en los charcos.

Tú eres la muerta más fehaciente moribunda de yeso fresco
        yeso mojado esas grandes setas blancas
        que gotean de las yemas de tus dedos
        renovadas huellas tus pezones largos
        sobre la tierra.

En un día de grandes aguaceros atravieso a todo lo largo la
        calle de los sicomoros aún desnudo sus
        copas se mecen en los charcos, cuatro
        exabruptos.

Despedazados, el ave se reincorporó en las altas lluvias
        geométricas del firmamento cruzó sus
        espacios se sostuvo tromba viva de luces
        telar isósceles los escalones en las
        grandes efigies del cielo.

Anocheció, la luz del cuarto vierte en el relente de la ventana
        las constelaciones vierte la antesala
        donde el agua se encharca en el bidón
        que hiciera de paragüero han entrado
        todo el rigor teórico del agua se
        restituye.

ABRAHAM MARCUS MATERIM...

Abraham Marcus Materim
cuenta que vio a los bolcheviques entrar en
        Varsovia
mucho antes que la obesidad le obstruyera
        la memoria.
Dice que en el traspatio de su casa se escuchaban
        los cañones,
que él hundió la cabeza en un Talmud
por si algún estallido atravesaba la ventana.
Muchos años más tarde se hizo autor de libros
que varios refugiados comentaron,
se hizo cajista, imprimió varias odas,
fieramente aduladas por la comunidad hebrea.
Salió en los periódicos, del brazo de colegas,
la camisa por fuera, las gafas empañadas,
la portañuela abierta con su erudición.
Abraham Marcus Materim
impresor de libros en hebreo,
cayó por su propio peso bajo las garras de la
        gordura,
agonizó unas horas escupiendo tetragramas por la
        boca.

PABLO LE RIVEREND

Nació en Montevideo (Uruguay) en 1907. Hijo de un cónsul cubano y de madre francesa. Graduado de Administración Pública en la Universidad de La Habana. Fue preso político en los años treinta en Cuba. Reside en Estados Unidos, donde fue profesor de Español en un College de Ohio de 1965 a 1972. Desde 1972 reside en Newark, New Jersey, donde dirige PLEGADO DE POESIA Q-21. Ha obtenido la beca Cintas (1987-88) con el proyecto: *Diccionario Biográfico de Poetas Cubanos en el exilio,* que prepara.

BIBLIOGRAFIA: *Por más señas* (Barcelona, 1978), *De un doble* (Barcelona, 1979), *Hijo de Cuba soy, me llaman Pablo* (Barcelona, 1980), *Ir tolerando el látigo del tiempo* (New Jersey, 1983). Ha sido antologado en *Poesía en éxodo* (Miami, 1970), *Antología Poética Hispanoamericana* (Argentina, 1978), *Poesía Compartida (Ocho Poetas Cubanos)* (Miami, 1980), *Selección de poemas de diecisiete poetas cubanos* (Barcelona, 1981), *Quince Poetas latinoamericanos* (Uruguay, 1983), *Poetas de Hoy en España y América* (Madrid, 1983), *Colectivo de Poetas Q-21* (New Jersey, 1983), *El Soneto Hispanoamericano* (Argentina, 1984) y en *Poesía Cubana Contemporánea* (Madrid, 1986).

LETANIA DE MI SEMANA SANTA

Por favor no analices, es más
cómodo: no me comprenderías...

Y le dije a mi puño no golpees,
y le dije a mis pies ya no camino,
a mis ojos, cegaos,
a mi sonrisa hiélate,
y todo siguió igual
porque era anochecida y el hombre no escampaba...

No escampaba de lluvias
personales de sangre y brutalismo,
y todo siguió igual
y no hay arreglo,
y como cae gota a gota, lenta,
la sangre ya no duele,
y como es rojo fuego la sangre ya no duele...

Y golpeé reciamente con el puño
y le dije a mis pies ya no camino,
me dispongo al combate,
y le dije a mis ojos fulminad,
a mi sonrisa muerde,
y todo siguió igual
porque era anochecida y el hombre no escampaba...

No escampaba de lluvias
personales de sangre y brutalismo,
y como cae gota a gota, lenta,
la sangre ya no duele.
Y como somos hipócritas de máscaras
y turbias vacaciones y piedades
asistiendo a la iglesia
traicionamos a Dios...

Y como somos crueles la sangre ya no duele,
y como predicamos la violencia,
ya no duele,
y como preparamos la guerra
ya no duele.

II

Nos dicen que es muy tarde,
nos interponen horizontes falsos,
climas artificiales, morfina
para un profundo sueño de astuta diversión
y entretanto bajo los pies nos cavan
la tierra de la muerte,
estimulan las drogas, el sexo, la codicia,
los más torpes instintos de las masas;
degüellan la esperanza legítima
y entretanto hacen su digestión.

Nada tiene importancia
—salvo esa digestión—
y nada ya nos duele.

III

Pero yo tengo miedo hasta la muerte;
miedo
hasta la bomba atómica; tengo un miedo tan alto
que toca el corazón del diablo...

VARIACIONES SOBRE UNA RESURRECCION

Para el poeta Miguel Luesma Castán y a su es-
tupendo libro «Aragón, Sinfonía Incompleta».

Cuando el oscuro verso traslumbrado
remueva de mi carne el desaliento,
(aunque sea tan sólo ese momento
un suspiro de luz equivocado);

cuando abierta la sima haya cuajado
la sangre de un adiós, el ceniciento
espíritu de olvido o un lamento
pernicioso entre ortigas irritado;

cuando no quede rostro de mi nada
y la estéril cabeza sin almohada
no sirva ni de orgullo para tema,

cuando todo cantar esté abolido
y el ritmo se halle muerto en el oído
renaceré mi vida en un poema.

II

Renaceré mi vida en un poema
y algo de mí se quedará cantando
suspendido en el aire, deletreando
mi nombre absuelto de bandera y lema.

Agotada la vida y el emblema,
el verso, la señal, ya descansando
sobre una muerte libre, reclamando
una fecha, una página, un poema.

Cuando todo cantar esté abolido,
el ritmo se halla muerto en el olvido
y en la estéril cabeza sin almohada,

pudiere ser que canta estremecido
de algún poeta joven al oído
cuando no quede polvo de mi nada...

MANIFIESTO A LOS JOVENES

Para Lydia Cabrera, Clásico en vida.

Los jóvenes no saben que son jóvenes
y que giran, cercados por el tiempo.

Cuando los años pasen
tendrán, como nosotros, preferencias:
los poetas de su tiempo.

Ante nuevos poetas que vendrán,
los jóvenes poetas de este ahora
serán, como nosotros, sombras;
sombras, que un fuerte rayo de otra época,
empalidece o borra. Y ya no serán jóvenes.

Y sus inconmovibles preferencias
como las nuestras de aquel ahora
roídas por los años, caducas,
habrán envejecido estrictamente
y no serán ya jóvenes,
como los jóvenes poetas de ahora.

SILENCIO

Yo vivo solo: tengo mi sol que a plomo cae
y un arisco silencio que nada importa a nadie.
Y sufro en las orillas de la tierra (mi madre),
ausencias reflejadas, largos brazos de sangre,
de ese arisco silencio que nada importa a nadie.

Silencio calculado: a ratos enmudezco
en mi propio lenguaje y guardo, cuando duermo,
despiertas mis saudades laboriosas que incitan
noche y día; que saben del otro que hay en mí
y encubro con recato... Soy una brizna errante
que produce un extraño

y obsecuente silencio cartujo

especial para nadie.

MANOS INMOVILES

Que vengan esas manos nuevamente
—esas manos serenas que tanto conocí—,
a explorarme la triste circunstancia
de mis recientes sombras; del intento
sin luz, de la tortura que me aborta,
del sueño derrotado y promesa de vísperas
que se muere en promesa;
que vengan esas manos
a pasarme su raso por la frente,
esas manos tranquilamente solas, inmóviles,
seguras de sí mismas, conformes con su suerte.

Esas manos sensibles a palabras nacientes
que han gozado el placer de un estreno.

Y en la intención ardiente y receptiva
pregúntale a la nube por qué pasa,
si el viaje ha sido tenso y doloroso,
si lloraron mis ojos
con la sabia frecuencia de sus lágrimas.

Que vengan esas manos

Que vuelvan y señalen el pensar de la ausencia.

ALGUIEN

Nadie se engañe; alguien me tira de los ojos
me tira de los sueños, me tira
de los huesos, me estira
la piel provisional para la tumba,
me lleva por secretos horizontes
vestidos con figuras
de profundas y antiguas sucesiones
que acaban integrándose en la mente.

Nadie se engañe; alguien
usurpa mis rincones
de inquilino precario del tiempo,
domina hasta mis tuétanos;
yo soy su doble, cuanto él vive
lo morimos los dos.

Y en la íntima amistad de un círculo
de objetos bautizados, somos
una discorde explicación que alienta
un minúsculo cero innominado.

LA NOCHE

La noche hierve en cantos de insectos y de estrellas,
y entre la noche y yo no existe vínculo,
solamente una mancha de aceite
que extiende su negrura
y lleva mis querellas de lúcidos mensajes
a montañas baldías, por ríos
perdidos en cavernas, en fugas
y lechos de guijarros
rodando como vidas estériles
directamente a nada.

Por la noche
sudo gotas de insomnios y terrores;
por la noche repaso
ese miedo cerval congénito
de aleve escalofrío,
y entre la noche y yo no hay ningún nexo,
nada más que la mancha de aceite
y un pañuelo llorando
que dice adiós sin mano.

REAFIRMACION DE LA PRESENCIA

Para Enrique Labrador Ruiz,
a su maestría.

Ahora que estás a punto de morir
!qué importa que sea
de un trallazo vibrante o a fuego lento.
Todo es igual y cierto:
morir quiere decir
que el muerto que fuiste en vida
está, de una vez por todas, muerto.

Qué más da
que después te devore la tierra carnívora
y tu cuerpo se convierta
en un rincón de eventuales cenizas
y la lluvia y el tiempo consuman tu destrucción
si algo tuyo se negare a morir.

Aunque seas
sólo un polvo de grano en el camino
que echa a volar el viento,
aunque no estés en el beso de nadie,
en los ojos de una voraz amante,
en la líquida mentira de una lágrima;
presente en el amor calcinado,
en el por qué encendido de un abismo
o en la caricatura de una lástima,
si alguna labor creaste, serás
la entraña de una hoja, una nube, y una abeja,
la dulce mariposa, el sol, el agua,
el aire esclarecedor de una fija presencia,
y muerto vivirás más tiempo vivo
que el que tuviste en vida,
hombre de flaca memoria,

recuérdalo.

ROLANDO D. H. MORELLI

Nació en Camagüey en 1953. Graduado de la Universidad de La Habana, realizó estudios en Moscú. En Cuba perteneció a los talleres literarios hasta su incorporación a la Brigada Hermanos Saíz de Jóvenes Escritores en Camagüey. Dirigió SUR-CARIBE en Camagüey, hasta su salida del país, vía Mariel en 1980. Desde entonces residió en Philadelphia donde terminó sus estudios universitarios, con una Tesis de grado en relación a «La parodia del mito heroico de la literatura cubana escrita en Cuba, durante el período 1967-1970».

Actualmente es profesor en Tulane University en New Orleans.

BIBLIOGRAFIA: *Leve para el viento* (en imprenta) y *Poesía Ingrima* (inédito). *Para qué contarte* (Colección de cuentos, inédito), *Las palomas del general* y *Villa Mar(x)ista* (Teatro, inéditos). Tiene en preparación una *Ontología antológica de la narrativa cubana del Mariel* y trabaja en su novela *Inocencia hablaba con los ángeles*.

ENCANTADORES DE SERPIENTES

I

La serpiente
simula
una espiral que danza,
al ojo
de la flauta
atenta.

En el umbral
de su fijeza,
el hombre
arranca el instrumento
su melodía barroca,
voluta
tras voluta. Y sueña
que él,
con su música,
encanta
la serpiente.

La flauta
es sólo el puente;
el cauce diminuto
por el que la melodía
discurre,
y como el humo
ebrio
de una pipa,
asciende.

Por él
logran unirse
el hombre
y la serpiente.

QUE VEDO Y QUE ME VEDAN...

(Francisco de Quevedo, in memoriam)

Una luz que todo lo oscurece
un espantoso ojo enceguecido
y en el puro cristal
más cristalino,
la nota
que asordina
un rostro...

Que el reverso
de sí
halla
y no busca
en la inmediata
luna
sin reflejo.

No ser
siendo a la vez
luna y espejo
imagen que imagina
e imaginas.

Luz
Ojo
Imagen
con argucias vedo,
y me es
vedado.

PRESUNCION

*(Para Luis Alberto Hernández; en
elogio de su sencillez.)*

Sin alero
se cansa la paloma
de ser paloma
un día tras otro.

Y aunque cada día
que pasa,
es otra
la paloma;
esa también
al fin se cansa
de repetirse.

Por eso
insiste la paloma
que alguna vez
haya en su vuelo
un borde,
en que posar su erranza
y su fatiga;
o en que pasar por hoja
de una rama
indiferente al viento.

El alero
no se complica.
Tiene
una oblicua manera
de perfilarse
siempre.

Se concentra en sí mismo.
Y afirma ser el borde
donde todo termina. (La presunción
incluso.)

LEVE

Leve.
Porque el viento
pesa demasiado;
demasiado
se agita
y se sacude
el polvo de esas tardes,
(sólo tardes);
de otras alas
deshechas
en el viento...

Leve. Sólo leve.

No quiero ser
la chispa,
que ardiendo se separa
sino
su ardiente inercia.

No
ser el polvo
que cae
y se golpea;
lo que se agita;
No,
colgando irremediable
en el vacío;
No
la sombra
sin perfil tallada,
en su reposo. Ser,
No.

Sólo
leve.
Ahora,
y para siempre.

VENTANA

De la inmediata pared
sin viajes
desahuciada
de vértigos
y luces,
cuelga
una ventana,
que deje entrar
el mar,
de par en par
al imprevisto
oleaje.

Que
transpire
por ella
la marea. Poro
oceánico
de
p
r
o
f
u
n
d
a
y dulce
luz.

Así
ha de ser
una ventana
para saltar por ella:
a la pleamar
abierta. Un agujero
de cangrejos
en la roca.

AL JUEGO DE LA LUZ...

La luz
oculta los objetos.
Encierra el ojo
en una cripta
y sopla
sobre él
            candelillas
                        chispas,
que amenazan al ojo,
sin tocarlo.

Cuando se cansa de este juego
la luz
entrega los objetos,
            suspendidos
            por
                sus perfiles
            más sinuosos.

Cuelga espacios
sombreados
o con luces
para que en ellos
quepa el infinito.

Un solo trazo,
confina el horizonte.

Después,
cierra el dibujo
con un tono menor,
(más tenue);
lo cubre a medias
con un lienzo...

Y sigue el juego
de las simulaciones;
ocultándose
detrás de los objetos
para que haya paisaje.

VUELO

(Para David Lago González)

Con cuánta gracia
hacia su muerte,
la hoja
se ejercita.

Y en su perfecto
vuelo
exánime
que el pájaro
no imita,
no hay dolor.

Sólo la gracia
de ese fugaz instante
afortunado,
en que ya hoja
ya pájaro,
hacia su
fin
    g
     r
      a
      v
     i
    t
     a

EMILIO M. MOZO

Nació en Camagüey. Se graduó de B.A. en Sir George Williams University y de M.A. en McGill University, ambas en Montreal, Canadá. Completó todos los requisitos para un Doctorado (DML) en Middlebury College, Vermont. Ha publicado poemas en revistas literarias de Estados Unidos.

BIBLIOGRAFÍA: *Una como autobiografía espiritual, Marginalmente literario, En el alba del mosquito, Desde el ojo de la hormiga* (Buenos Aires, 1987).

SOY LO QUE FUI
primera cosa
primer placer
primeras impresiones

sé lo que fui
y me coronó la soledad

juegos de infancia
topois cubanos
lugares comunes
clisés

un problema, un tema
de tal y tal

soy o no soy
lo que fui
obligatorio
quizá rápido
de padres y madres
el juego, la hora del juego

paraíso, repertorio cultural
modelo colectivo
no sé.

Middlebury, 83.

OFICIO LITERARIO

el precio legítimo
de todo lo escrito
puede calmar injusticias
y terminar una vida

el precio legítimo
de la envidia
llena de ojos las luces
y oscurece autores

así acumulan
caminos vulgares
amasan genios
ganan corazones

obras sagradas
que todos conocemos
espectáculos que a nuestros ojos
han costado tantas lágrimas
inmolando espectadores
que tú bien sabes
no son otra cosa
que espectadores
sombras...

HAPPY HOUR

siempre te veo por bares y tabernas
estrujado tratando de olvidar
desenterrando antiguas montañas
saltando cuerpos calientes ya marchitos
floreces de sabor
esperanza dejada y por poder

los vivos del pasado
son fantasmas amorosos para ti
recuerdos pegajosos de algo feliz
y con claridad gritando
que lo ganado ganado está
estrujado tratando de olvidar
por bares y tabernas

«LOVE IS NOT ENOUGH»

andar furtivamente entre las sombras
      portero es mi función
      leer se me prohíbe

      y así, Virginia,
enfrente de una puerta me sentaron
      una chaqueta roja me pusieron
      con galones dorados
      grandes
      como hechos para un dictador
      de regiones negras
esterilizada y no con manchas de grasa
como tú inevitable la imaginas
humo metálico de mi desesperación pasada

      leer se me prohibe
y qué otras reglas, preguntas, anónima,
      no fumar, no pornografía
      «Love is not enough»
puede ofender a las señoras me dijeron
      era entonces 1966

no no noo, en realidad tú no quieres
ver las caras de esa gente
yo solamente anduve furtivo
entre las sombras
entre cercas y fugitivos reflectores
no me hubieran confiscado los lápices
como tú supones
ni embargado la gaveta superior de mis recuerdos
abierta esa noche de poemas y poesía

si hubieran sabido que era poeta
quizá hubieran reído, indiferencia.
en realidad, poets make the best of porters
y viceversa

andar furtivamente entre las sombras

VEJEZ

silencio
panes comiendo la luz del día
ojos abiertos
noches cerradas
nieve congelando
fuegos de olvido

viejos despiertos
nalgas de un aire
ya ido
volando hacia flores que cantan olvidos

silencio
no empujes el ruido
que arrastra con pena sus dientes dolidos
gritando por mares
silencios medidos

SANTO DOMINGO NO PROBLEM TRES
OJOS DE AGUA

La blanca leche del agua
te zambulle
cuántas veces al día, no lo sé,
es tu trabajo
realidad de esperanzas rotas.
En qué universidad de tristeza
te graduaste
para poder decir
éste va a ser mi trabajo,
mi vida
subir rocas como un mono primitivo
encantamiento que nos hace mirar
tu cuerpo flaco
color de roca y agua
tus extraños ojos azules Dominicanos
como si hubieras sido parido por una estrella.
Desde tu poca peligrosa altura
nos miras, esperas órdenes,
ya!
El verano gris de la cueva
te envía en cascada
caes y caes
en el viento fijo de cueva y agua
aplausos.
Tu corazón casi mío por la tristeza
nada
después el dinero.
Este hombre no gana
hay que ayudarlo
dinero que parece papalotes verdes
contra la brisa suave de la roca
como ponerle la rienda
a un redomón sin vida.
He pensado en ti
en las veces que te envías al agua
en esas cavernas absurdas
tu pecho flaco contra el viento

unos segundos libre
volando libre en el espacio,
unos segundos
rechazado por la tempestad de nuestro silencio
tus tres ojos de agua

8 de abril, 1986.

SONETO DE MIERCOLES POR LA TARDE

hablas de viejas grises que beben su té sempiterno
discutiendo futuros imaginarios
son tres hermanas olorosas
en un banquete de solteras
los bucles grises y temblantes
mecen advertencias a las chicas incautas
cada bucle traspasado por cosas
de viejas grises
pecados de lana
como tu piel seca marchita
gastada por tanta lectura
delicado pétalo oprimido
en todavía más que quebradizo
libro de oraciones
moralejas dirigidas
a las siempre impulsivas muchachas
para ti querida
con azufre dos cucharaditas o una

y que sentí yo
mirando tus ojos vacíos mórbidamente curiosos
agarro tu cabeza toco tu pelo
mientras que bebes mi impaciencia
y sé que de alguna manera esperas mi ferviente
sueño o ensueño. No sé.

Andover/abril 87.

ISABEL PARERA

Nació, en Santiago de Cuba, en 1952. Desde 1970 reside en Nueva York. Estudió Literatura Española e Hispanoamericana en Queens College of The City University of New York, recibiendo el Master of Arts en 1983. Ha enseñado en diferentes colegios de dicha Universidad (Hunter College, Manhattan Community College, The Graduate Center). Actualmente se encuentra en Puerto Rico enseñando hasta fines de año.

BIBLIOGRAFIA: *Fiesta de poeta* (1977), *Abigarrada* (1978) y tiene en preparación otros dos poemarios. Ha sido antologada en *Poesía Cubana Contemporánea* (Madrid, 1986).

HOY
lo suficientemente clara para enfrentar

                                    mis ambigüedades
                                    la   incontenible   proce-
                                                              [sión
                                    la fuga...
por una fracción de segundo
estoy aquí,
aquí,
en el exacto punto compartido por los pies y la conciencia.

PROLONGARE LA CALLE DE ADOQUINES
los bancos del álamo
                         y pisar los higuitos
                         (como quien pisa años
                             y los hace «pla»
                             bajo el zapato
reduciendo el universo a la medida propia).

ERES TU
quien me da rostro y universo para seguir buscando
otra materia tras tu materia,
       familiar y distinta
   (como la casa de mi niñez,
                                    pero sin muebles).

Y ESTA REVOLUCION EMPEÑADA EN ROMPER
con su génesis
... borrón y cuenta nueva...
los que
dijeron eso están   muertos
o
aniquilados
...
y
la verdad es esto esto y esto   ...
y
...
aquello otro no   .

ME HE LAVADO TANTAS VECES LAS MANOS
que da asco.
Caigo en lo cierto,
(y subrayo que caigo),
tal parece que he venido
a sembrar de versos y frustraciones
el asfalto neoyorquino,
y a beberme,
sorbo a sorbo,
mi hiel a solas.

DESCENSO

Hoy quisiera enfrentarme a la realidad
pero se me hace difícil,
quizá porque aún no la conozco,
quizá porque no existe.

Hoy quisiera enfrentarme a la realidad
y no sé...
Se me ocurre
que vivir con los pies sobre la tierra es accidente,
que el hombre pende entero
de su cabeza hasta el suelo.

Se me ocurre
que no soy yo sin mis sueños,
o más bien, que un sueño soy
con cara, ojos, boca, cuerpo.
Se me ocurre, tristemente,
que casi no soy y temo.

HOMBRE DEL PUEBLO

Ese árbol.
El que nunca se ha movido de su sitio.
Testigo mudo
            (como casi todos).
Que se nutre de su tierra
y le da sombra en todo tiempo
    (y aun a pesar del tiempo
    le da sombra).
Tiene que soportar
hasta que un perro lo mee.

LUISA M. PERDIGO

Nació, en La Habana, en 1947. Se graduó de B.A. en el Hunter College C.U.N.Y. y de M. A. y Ph.D. en la Graduate School C.U.N.Y. en Literatura Comparada.

Actualmente es profesora en The City College of C.U.N.Y., en Nueva York, donde reside.

BIBLIOGRAFIA: *La estética de Octavio Paz* (Madrid, 1975). Ha publicado poemas en diversas revistas literarias de Estados Unidos.

ESE PENSAR

Ese caminar profundo de huellas a la par
por el pavimento común
es un pensar de bocas
                              que se hablan
      en las arrugas   de los ojos
en la silueta de las cejas verde-amarilla-negras
en la sinceridad candente del tocar
en el delineamiento calmoso de la faz entera.

Ese pensar de petróleo
¡arrastra tanto en su seno!
Pero es de nocturno
Hay taladros por millones
y se esconde.

Va acompañado, pero viste igual
Sonríe...
Se cierra todo.
Ahora,
            marcha en lo ígneo, ese pensar
                              sin huellas.

ABSURDO

En esta noche de extraña
    ausencia negra
    he entrado en mí
Toddavía me guían un
      latido y
              una respiración
      acompasadas
casi   olvidadas
El mundo
        fuera
           marcha
yo marcho
        todos marchamos
en él
Los pasos nada conquistan
si el ser central duerme
Me rebusco
        dentro
    sin sentir
        sin sentido
     sin final   sin fin

Nada
    que me hable
Nada
    que me escuche
y algo de mi ser
que se va
      que se olvida
        blanco
          nítido
Algo que ya ni se queja
Ni lo más tupido
de un suspiro
       se oye
Ya sé que he entrado
    en mí
     Aquí quedo.

BUSQUEDA

Un timbre que gime
una voz que calla
y luego algo que en su huida socava la nada más posible
Silencio sin velocidad
rompimiento
                    quiebra
                              desdén brusco
Queda un semblante que enloquece
y unas caras desfiguradas tras las máscaras telefónicas
y unas manos que se buscan
y unas voces que se hablan
                    y dan gritos en el fondo para verse
y unos seres que se comprenden
      que se respiran
      que se quejan
   (y unos hilos que los unen y los separan)
      que se aniquilan en volición
      que no se quieren hacer sufrir
   (y se aniquilan
        se aniquilan, se truncan
        se callan mientras gimen por dentro)
      y no se hablan, y no se miran
         (y todo lo quieren decir)
      y sin mirarse se ven
         y callan

Y sigue el llanto de los siglos
Y siguen los hilos que rompen tormentas
Y todo sigue,
                    y ya callan.

TARDE

Ha estallado la ciudad
                    entera
        en sollozos
                    a mi vista
Entre ascensor y ascensor
            se pasa el tiempo
        se alargan
                las distancias

lo que queda en común es ahora
        lluvia que arrasa

Tiempo encogido en gotas
Mis palabras, tus palabras
    en el eco matinal
                    alargándose

            blancas como la nieve
        de anoche y su lluvia
        y aceras que disminuyen
        y huesos que se apartan.

Y ahora, ese todo y esa nada
confundidos
confudiéndose en mi garganta.

OTRA VEZ

En esta soledad que me hace oler ciertos recuerdos fortuitos
me pregunto si alguna vez fuiste niño
y es como un deseo de retornar a lo perdido
entre ambos.
Y un saber de imposibilidades.

Todo permanece seco, inmóvil.
Nada se aproxima que quisiera.
Nada se me ocurre entre estas hojas amarillas
que llenamos noche tras noche tú y yo.
Sé que entre las cuatro y las seis descansas.
Pienso que ahora escribes. Sé de algunas
cosas rutinarias. Ceguera más
allá de todo y de ti.
Se me ocurre que lloras mucho y quisiera
verte por una vez y sentirte,
pero al verte te me ocultas una vez más
y todo lo tuyo se achica y lo llenan letras
como tal vez lo mío esté lleno de ellas
en ti, y de palabras.

Escribo sobre el universo y no soy nada.
Esa nada y tú que sólo puedes llenarla y te apartas.

AMAR

Para plasmar mi amor sin vasija
mi amor rebelde y enfurecido
escojo otro amor
            que pase y encaje en el mío
para crearnos una urna de cielos
eternos,
donde regar y recoger
y durar y escapar en pequeñas
dádivas del alma.
Escojo otros amores niños
que se mezclen unos instantes
solos
para dar calor a este pequeño
amor que llevo al lado
para arrullarlo mientras sea bueno,
            mientras sea inocente y alegre.
He de tomar todos los amores
de todos los instantes, de todas
las praderas y las playas
mientras que sean amores de amor
sin precio, sin querer,
sin fin.
        Porque he de crear un amor
imposible, sin sentido
que crezca incrustado en
aquello que se ha ido.

TU REIAS

Ya no estabas por más que te buscamos
Ya eras en la nada
Todo eran piedras
las unas tras las otras en recta fila dada

Y si rezamos deprisa
fue por no saber qué más
hacer
ante tu presencia en calma

Después nos fuimos, y ya no
pudimos verte ni oírte más entre la grama
Pero yo te supe entre nosotros,
latente como siempre
en el aire límpido, fresco, de la mañana

Reposabas

Estaba el cielo vestido
con sus galas más azules
y tú reías
eternamente
plácidamente entre sus alas.

ISEL RIVERO

Nació, en La Habana, en 1941. Publica sus primeros poemas en revistas locales y perteneció al grupo de los «novísimos» que tuvo su auge después del triunfo de la Revolución en 1959, alrededor de las Ediciones EL PUENTE. Después de residir en Viena (Austria) trabajando para las Naciones Unidas, reside en Nueva York.

BIBLIOGRAFIA: *Fantasías de la noche* (La Habana, 1959), *La Marcha de los hurones* (La Habana, 1960), *Tundra* (Nueva York, 1963), *Songs* (Viena, 1970), su primer libro de poemas en inglés, seguido por *Night Rained Her* (1976) y *El Banquete* (Madrid, 1981). Fue antologada en la *Novísima Poesía Cubana I,* Ediciones EL PUENTE, recopilación realizada por Reinaldo García Ramos y Ana María Simo (La Habana, 1962), en *Poesía en Exodo* (Miami, 1970) de Ana Rosa Núñez, en la *Ultima Poesía Cubana* (Madrid, 1973) de Orlando Rodríguez Sardiñas y en *Poesía Cubana Contemporánea* (Madrid, 1986).

EL PASO

Doch ihr, ich bitte euch,
wollt nicht in zorn verfallen
denn alle kreatur braucht
hilf von allen.

BRECHT

Desde una calle
la ropa cuelga débilmente de mis hombros.
En sandalias de cuero, iba su cuerpo
y su angustia, se filtraba entre las tijeras de unos pasos;
sus pasos,
sus pasos solos, callados;
sus pies de cuero calzados,
silencio de sus paso;
he dicho sus pasos
disueltos,
multitud de multitudes paseándose bajo el sol,
frialdad de frialdades,
terror desde el horizonte,
sordo horizonte,
sorda agua,
sorda belleza;
su pasos y los caminos
y las iglesias parapetándose entre imágenes y tapices.

Llamó a las puertas de la sinagoga,
sus sandalias y sus pies cubiertos de sal.
Esperó. Nadie acudió a limpiar el humor de la herida,
hacía tiempo abierta por otras sombras en el tabernáculo.

Los discípulos se arrastraban con el costado abierto,
mientras cada partícula de tierra se estremecía más allá de la
                                                              [música del aire.

Su cuerpo cayó sobre el césped empapado de lluvia.
Ni una porción de tiempo donde podernos hundir,
finalmente protegidos.
—Había ruidos que surgían del espacio—.
La tierra sigue estremecida,
flagelada débilmente entre rasgos de crepúsculo abierto
y batallas.
Las nubes se abrían como labios bajo el empuje del sol
redondo y cálido,
sonriente,
increíble sobre nuestros hombros.

LOS EXCLUIDOS SE MUERDEN LAS UÑAS

Cada pedazo de pan viene envuelto
en un amargor extraño de amputaciones
y alcoholes.
Nuestras manos,
nuestros dedos ahora
empapados de verde resina del cuerpo de este mundo...
.. nada en sí por qué llorar
ni lágrimas para secar con el dorso de la mano;
viejas y corroidas lágrimas,
estalactitas doradas,
lágrimas de voces.

¿Hacia qué punto irían sus pies que se clavaban inmóviles
sobre el suelo tibio?

ARCILLA SOBRE ARCILLA MOLDEADA

Las gentes se congregaban
a recibir la primavera,
y fornidos muchachos buscaban mordaza para soledades in-
[terminables
de cuartos cerrados; tú y
yo
pegábamos láminas en las paredes,
recordando otras paredes
que no eran de cartón, de tabla,
de niños;
casas adustas y absurdas,
casas de muñecas,
ligeras a los ruidos,
impermeables a la luz,
vulnerables murallas a las palabras.

Buscábamos refugio
(recuerdas),
y mis pies siguieron aún más lejos en la ruta de polvo,
en el césped tierno,
en los árboles que se liberaban de las contorsiones invernales.
Todos sobrevivían aún;
año tras año,
sobrevivíamos.

NACIMIENTO DE VENUS

a R. K. el 20 de febrero de 1977, Viena

I

Más largo es el puente
que cruza la doncella
que el bosque por donde deambula la corza.

Su paso
la acerca al nacimiento del río
donde sorprendida
la espuma la apresa.

II

Sus pechos redondos
descendían sobre los labios secos de la muerte.
Toda la línea de su cuerpo
yacía intacta
piel apenas adormecida
bocas latentes
En el abrazo de la lluvia
una luminosidad de cobre
estallando sobre el abdomen que pulsaba
enfático
el ritmo penetrante y húmedo
de las horas.

III

Para amarte aquella noche
tuve que romper los vínculos del padre
tuve que besar el sexo de la madre
tuve que desencajar las alas del ángel
y derribar su preciosa cabeza
sobre la calle desierta.

Para acercarme a ti
tuve que palpar tu mano abierta
inefable
abrir mis piernas al mar
y destrozar mi sangre
sobre la roca de la orilla.

Para entregarme a ti
tuve que prender fuego a las tumbas
y a los huesos de mis ancestros
y vagar
antorcha en mano
buscando tu nombre
bajo los musgos del bosque.

IV

Tu voz
surge sinuosa y profunda
como un abrazo a la tierra
recorre las esquinas
de un paisaje desolado y estéril
devorado por la guerra

Cae tu voz como la lluvia
beben los animales nocturnos
de la comisura de tus labios.
Te extiendes
como se extiende todo tu cuerpo
sobre el horizonte
y el alba irrumpe
vacilante tenue
del brazo de la noche.

JUSTO RODRIGUEZ SANTOS

Nació en Santiago de Cuba en 1915. Doctor en Filosofía y Letras por la Universidad de La Habana. Fue integrante de las revistas literarias VERBUM, ESPUELA DE PLATA, CLAVILEÑO y ORIGENES. Abandonó Cuba en 1967, residiendo en España, Puerto Rico y, actualmente, en Estados Unidos (Nueva York).

BIBLIOGRAFIA: *FGL (1899-1936) Elegía por el asesinato de Federico García Lorca* (La Habana, 1937), *Luz Cautiva* (Poemas) (La Habana, 1937), *Antología del Soneto* (Poesía Cubana), (La Habana, 1942), *La belleza que el cielo no amortaja* (Sonetos) (La Habana, 1950), *La Epopeya del Moncada, Poesía de la Historia (1953-1963)* (La Habana, 1950), *El Diapasón del Ventisquero. Poemas (1974-75)* (Madrid, 1976), *Los Naipes Conjurados, Poemas (1975-76)* (Madrid, 1979). Tiene varios poemarios inéditos y ha sido antologado en *Diez Poetas Cubanos* (La Habana, 1948), *Cincuenta años de Poesía Cubana (1902-1952)* (La Habana, 1952) ambas de Cintio Vitier y en *Poesía Cubana Contemporánea* (Madrid, 1986).

FURIAS Y PENAS

¡Sombra de ti, la racha encarnizada,
alborota cortinas y cornejas
y tirando dormidas candilejas
recorre, delirante, la morada!

¡No es el viento, es tu voz desenterrada,
multiplicando sus antiguas quejas!
¡Tu voz de largo pelo y entre rejas!
¡Tu voz con una anotorcha y una espada!

¡Sombra de ti, la insólita tormenta,
los voraces recuerdos amotina
y en mi fatal insomnio se acrecienta!

¡La locura de ti que no termina,
el llanto que tu llanto representa,
pero que en mi memoria se origina!

DILAPIDE EL AMOR

Dilapide el amor, sus criptogramas,
su idioma de guitarra y escultura.
(Lo supongo en ajenos pentagramas,
arando con luceros la negrura.)

Vertí su miel amarga, sus resabios,
sus corazones como enredaderas,
sus amatistas de sedientos labios
y sus voraces aves mensajeras.

Derroché su fragancia de castillo,
su oropel de trompetas y caballos,
su catapulta de furiosos rayos,
su madrigal, su fábula, su anillo.

Remoto va su encarnizado empeño.
(Llenan mi vecindad blancos violines.)
Dichosos, en sus garras, por el sueño,
se alejan mis corderos y jazmines.

SIMBOLOS AUREOS

Tembló el arcano, rechinó los dientes
y abandonó la retumbante gruta
iy vi en el mapa la florida ruta
y el junco alado con las dos serpientes!

Al ascender la súbita escalera
no percibí la flauta neblinosa,
ni acudió al ventanillo la raposa,
ni el ermitaño de la calavera.

No invadió la cizaña mi alfabeto
ni a mis afanes hostigó la racha.
Permaneció, bajo la tierra, el hacha
y la cabeza levantó el secreto.

De mi fantasma contemplé la huella
en el umbral de la incesante aurora
iy dentro de la caja hallé a Pandora
transfigurada en zodiacal estrella!

RUMOR PERDIDO

Te marchaste, no sé cómo ni adónde.
Vacíos permanecen tus zapatos.
Pregunto a tu abanico y no responde.
También enmudecieron tus retratos.

A tu recuerdo pido explicaciones.
Ignoro dónde viven tus agravios.
Pero zozobras y contestaciones,
¡acuden con el índice en los labios!

Recorro los noctámbulos países
donde mis conjeturas dilapido,
pero no encuentro más que cicatrices.

También está mi espejo confundido.
¡Desde que te escondiera en mis raíces
no reconozco tu rumor perdido!

EL DESENLACE

Envejecida viene su pisada
bajo los arcos rotos de su sueño.
Convicto vuelve el febril empeño.
Virgen fulge la clave soterrada.

El fuego fatuo fue centella helada.
Se aborrascó de la sibila el ceño.
No galopó a su lado Clavileño
al repetir la frase conjurada.

Miró el brumoso, inmemorial recinto
y el mito esclarecer dio por seguro,
aunque no oyó sollozos de doncellas,

ni bramidos subir del laberinto.
La profecía se quebró en el muro.
Mudas permanecieron las estrellas.

CONFIRMACIONES

Si no fueran violines
en noctámbulos perros pensaría,
pero siegan jazmines
y beben luna fría
y se evaporan con la luz del día.

Si no fueran caballos
con banderas, galeotas gongorinas,
pero reparten gallos
en todas las esquinas
donde faltan espuelas y bocinas.

Si no fueran espadas
mochuelos en mi lámpara vería,
¡pero vienen calzadas
de estrellas remendadas
y cantan el mester de juglaría!

Si no fueran tus ojos
sospechase de cuervos y raposas,
pero tienen abrojos
y se suicidan rosas,
clavándose pestañas luminosas.

Discurrir puedo ahora
por mi nocturno litoral isleño,
sin que importe la hora
ni la blanca señora
que vela en los manglares de mi sueño.

Ella, por la guirnalda
donde quedó sin carapacho el trino,
¡la equívoca esmeralda
que cayó en mi molino
cuando perdí las riendas del camino!

POSTUMA RACHA

Volaron testimonios, conjeturas,
juramentos, campanas y diademas.
Quedaron unas sílabas oscuras,
un diapasón de cardos y anatemas.

Quedó un revuelo de invisible gallo,
un ulular de sombras contumaces,
un derrumbe tenaz y un tenaz rayo
devorando caídos antifaces.

Quedaron predicciones y cornejas,
escombros ataviados de neblina.
Quedó una voz sin ojos y entre rejas
y el esqueleto de una mandolina.

Quedó un galope en la distancia, herido,
un atónito halcón petrificado,
un alfabeto roto y esparcido,
un horizonte de rumor helado.

Huyeron las banderas, los clarines,
los árboles, las nubes, los castillos.
Quedó un sangrante rastro de jazmines
y un susurro de botas y cuchillos.

Cayeron lampadarios, candilejas,
antorchas, tornasoles y reflejos.
Quedaron escondidas comadrejas,
ahogándose de luna en los espejos.

Quedó un trunco sollozo de elegía,
este mapa de insomnes cicatrices,
este aullido de infausta monarquía
y este desasosiego de raíces.

ORLANDO SAA

Nació, en La Habana, en 1925. Cursó estudios de lenguas clásicas en La Habana y en España, Humanidades en Salamaca y Filosofía en Comillas (Santander). Licenciado en Filosofía y Letras por la Universidad de Oriente (Cuba) y Bachiller en Teología por St. Mary's University, Canadá. En Estados Unidos obtuvo la Maestría en Filosofía por Spring Hill College, y la Maestría y Doctorado en Literatura Española por la Universidad de Tulane, en New Orleans.

Actualmente es Profesor Titular de lenguas latina y española y de literaturas hispanoamericanas en el William Paterson College de New Jersey.

BIBLIOGRAFIA: *La serenidad en las obras de Eugenio Florit* (Miami, 1973), *De una angustia por destino. Poemas* (Barcelona, 1986). Ha sido antologado en *Poesía Cubana Contemporánea* (Madrid, 1986).

MOMENTO I

Aquí estoy
convocado por los ecos
de corvas palabras mudas
y sordos sonidos ciegos.

Por tu voz
emanada del sondeo
en percepciones sensorias
de los cósmicos misterios.

Tras el sol
cabalgando entre los muertos
átomos del orbe inerte
sobre el alma de lo eterno.

El reloj
silenciados ya los besos
de los labios transeúntes
para el abrazo completo.

MOMENTO III

Sólo aquí
desconectado del tiempo,
diluidas las distancias
entre la tierra y el cielo.

En el fin
de continentes y océanos
sobre símbolos y sombras
vencidos los hemisferios.

Y el cenit
árbitro de los extremos
dirimiendo controversias
con su geométrico beso.

SER BREVE TAL CUAL ERAS

Ser breve tal cual eras
en los primeros pasos:
andar sin darte cuenta
del sudor de los años.
(Sutilmente en la tierra
soñando con los astros.)

Sé conciso en las cuerdas
de la risa y el llanto,
lacónico en tinieblas,
en las luces callado.

Cuando la voz secreta
rompa el silencio intacto
todo el punto Omega
existirá cantando.

VEN HASTA AQUI

Ven hasta aquí
por montes y desiertos,
por astutas comarcas,
    por caminos adversos.

Llega hasta aquí
castigados tus huesos
en celosas escarpas
y en avaros senderos.

Sube hasta aquí
con los brazos abiertos,
que tus piernas cansadas
no conocen destierro.

CUANDO NO HAYA MAS VOCES

Cuando no haya más voces
que rompan el silencio
y perezca la noche
con todos sus secretos.

Cuando del sur y el norte
no queden ya recuerdos
y exterminen con golpes
los ciegos hemisferios.

Cuando sucumba el orbe
en los secos océanos
y las aguas salobres
preserven los misterios.

Resurgirán entonces
siempre vivos los muertos
de breves horizontes
a destinos eternos.

PRIMERO LOS DESTINOS

Primero los destinos
de cazar mariposas,
de abreviar los caminos
en busca de las rosas.

Luego los clandestinos
silbidos de raposas
en parajes vecinos
mordiendo ajenas brozas.

Implacables sus sinos
tras jornadas tortuosas
marchan los peregrinos
por sendas tempestuosas.

NACER EN EL TORMENTO

Nacer en el tormento
del cincel y del mármol,
del pincel y del lienzo
en constreñido abrazo.

Nacer en manifiestos
de letras y grabados
bajo el sudor del tiempo
y sangre del espacio.

Cuando todo esté muerto,
nacer entre los labios
dilatando los besos
en celestiales cantos.

ARMINDA VALDES GINEBRA

Nació en Güines. Se graduó en la Universidad de La Habana de Pedagogía y de Trabajadora Social, realizando cursos de Filosofía y Letras, y Psicología; además de Arte Dramático. Desde hace años reside en Nueva York. En 1987 obtuvo el primer premio en el Concurso de Poesía en Huelva, España.

BIBLIOGRAFIA: En Cuba publicó: *Júbilo Alcanzado* y *Huella Vertical.* En España escribió dos cuadernillos: *Poemas presurosos en España* y *Por una primavera.* Tiene inéditos varios poemarios: *Capullos* (poemas para niños), *Elegía en Varios Tonos por un Solo Motivo, Desde el Sol, Síndrome de la Nostalgia* y *Cayendo desde el tiempo.*

TIEMPO DE LUZ

Te llaman noches que no te conocen
y atardeceres que se te parecen.

En tu ropa
ligera y perfumada
hay una ocupación de tiempo claro.

Descubro la simiente que germina
hasta gastar en ti
la luz del día.

Llevas el nombre
herido por la luna,
y una leve pregunta
en la pupila.

Familiar del deseo y las presencias
tienes olas y playas
en el rostro.
Tienes la ingravidez de lo que flota
y asciende por lograr
ala y espacio.

Te llaman noches que no te conocen
y atardeceres que se te parecen.

¡SOLOS!

Nos encontramos con la vida,
y vamos solos, solos
en continencia, en desafío, en desamparo,
solos.
Vamos sin nadie,
vamos por callejuelas,
creciendo con sus lágrimas;
así nos internamos por
vericuetos
de los años vividos o esperados.
Seguimos siempre solos,
con los labios alerta,
con los brazos cruzados,
el corazón suspenso en el andamio
de un mundo roto a las esperas.
Nos encontramos
al borde líquido del sueño,
y resbalamos por la superficie
sin ver luz.
Cada día es un pájaro que huye
desde la forma de la idea
a la palabra.
Cada día, tumba del anterior,
esconde el eco.
Pero la soledad
no se apacigua. Nos encontramos
con la muerte solos.

GRITO CONVEXO

Se alargaba mi perfil, inútil
para la adivinanza;
se estiraba mi existencia de lloviznas,
de nieve, de ceniza,
de articulaciones distendidas
hacia la floración del metal
y la madera.

Oscilaba el paisaje sin cuartos;
el cielo entre pantallas;
las cabezas brillantes
eran aves, con picos en la proximidad
de un tiempo ahogando su calor,
alzándose de prisa
en la circunstancia del llanto,
de los arroyos
girando hacia la nada.

Perdimos certidumbre,
la desazón de un grito convexo
arrellanándose en los brazos
soñolientos de sillas y de agujas.
Nos quedamos, brazos sin techos
en estupor,
alas sin brechas,
frente a una nube herida
alargando los bordes, raíces
de zapatos, y la garganta
en ácidos,
revelando la sombra de mañana.

LA CUESTA DEL ADIOS

Establecida en mi cabeza supe
de su estampido;
no pude compartir la estancia
de los juncos y los estambres
juntándose a la altura
de arboledas nocturnas.
Escaleras innúmeras bordeaban
la cuesta del adiós;
atardeceres ya cadáveres
humedecieron un jergón donde
se recostaban rostros de arena,
suspiros de pechos enterrados
a la orilla de cielos que descienden.
Ya no pretendo la angustia,
ni la corteza del gemido
aturdiendo mi espacio
de estelas y carbones.
Todo se irá, temblando como tú,
tras el viento plural que se enraíza
en el fragor sin luz
de las campanas.

ROPA Y DESNUDO

El traje largo hacia el tobillo
y un gobierno de alas amarillas
desarraigaron mi polvo de temores.
Quedaron tus pupilas cabeceando,
y la tristeza que exprimía
un agua turbia
desde el fondo del barro y los corales
disminuyó de golpe.

El traje era la música extraída
de un mundo donde uñas
y espinas olvidaron la función
de rasgar; en la frontera
de la ropa y el desnudo,
buscamos cielos, y la humedad
de la piel que se roza
con peces y con montañas de sal
rotas en la profundidad
del valle y de los ríos.

No sé ignorar la hora
del traje, del miedo, del vacío,
del camino extendido hacia la línea
que reúne mi carne con tu cuerpo.

ECO DE SOMBRA

Sombra sin definir, en medio
de sí misma decidía
comenzar el crepúsculo.
Y resolví anegarme
en las esquinas de sus habitaciones,
retocando coartadas
de un rocío canoso que se va
desplazando de las brechas
abandonadas por mis pasos.

Sombra de alguna atmósfera
que latía gastándose
sin prisas en mis huesos,
en mis copas de miel,
iluminando carpas,
rasgando nervios,
el rosicler de mi caída
y la retina refulgente
en cada uno de mis sueños,
escarabajos de las sienes
y de los polines cansados por los pájaros.

Lo que dijiste en el dolor
empolvó la agonía;
desde entonces la niebla
me resbala del torso a las raíces,
de la planta que se va perforando
a la concupiscencia
de días sin verandas y sin rejas.

VEJEZ DEFINITIVA

Marchas viejas por dentro, vejez definitiva.
Te pudres con los barcos, en agrestes raíces
milenarias, en ropas
de mendigo.
Te gastas piedra a piedra, en polvos,
en cenizas.
Tu vejez caducante, desaparece
en sombras duplicadas
e inútiles crespones.
Tu vejez sin perfiles,
anonadada y hosca, no crea ni edifica.
Tu vejez sin antena no es la vejez
del tiempo renovándose al paso.
Tu vejez
es la entrega al olvido y la inercia...
... es la vejez total.
Vas cruzado de brazos, vas
cruzado de sueños,
en ceguera de umbrales, de portal
en tinieblas.
Telarañas y umbrías
te ensombrecen las horas.
Tu vejez
sin contornos se reduce de brillo,
es vejez para siempre, vejez
hasta la entraña.
Vejez amortajada
del que muere por dentro.

JORGE VALLS

Nació, en La Habana, en 1933. Estudió Filosofía y Letras en la Universidad de La Habana. Sufrió el presidio político durante veinte años, desde 1964 a 1984, que fue liberado. Durante ese tiempo fueron publicados, fuera de Cuba, algunas de sus obras producidas en presidio. A su salida de prisión, Valls, viaja a Venezuela, luego a Europa y llega a Nueva York, donde reside con su familia. Forma parte de Americas Watch y de Helsinki Watch.

BIBLIOGRAFIA: *Donde estoy no hay luz/y está enrejado* (Madrid, 1980), que fue galardonado con cinco premios, entre ellos el «Prix Liberté» del PEN de París (1983) y el Grand Prix de Rotterdam. *A la Paloma Nocturna desde mis soledades* (Miami, 1984) y *Hojarasca* (Poesía), *Los Perros Jíbaros* (Teatro) (New Jersey, 1983) montada, en Nueva York, durante 1983-84. En Nueva York, ya en libertad, publica *Twenty Years and Forty Days,* breves memorias de presidio para uso de las organizaciones de Derechos Humanos. Tiene inéditos: *Cantar del Recuento* (Memorias) y *Coloquio del azogamiento* (Poesía).

CUANDO LOS HOMBRES ACABEN
DE BOTAR A DIOS

Cuando los hombres acaben de botar a Dios,
lo recogerán los animales;
las palomas; ésas siempre lo han tenido.
Las hojas de los árboles
estarán más que contentas
porque lo van a tener del todo
jugando por las copas
como un niño que nada entre la espuma.
La tierra madre se echará a llorar
por sus largos y dulcísimos ríos,
porque será como aquel día
en que Él le dio su calor másculo
y ella se sintió traspasada y fecundada,
y adivinó lo que podía ser la sangre.
Las estrellas con Él, como torrentes,
se correrán por las llanuras del cielo.
Todos eso si acaban de botarlo.
(Ya lo tienen domesticado
y puesto en un corralito aparte.)
Pero quién sabe...
Hay una conspiración entre los niños y las flores,
entre los mendigos y los aguaceros,
entre los locos del crepúsculo y la luna.
Toda una raza inferior de pordioseros
está comprometida,
y se levantan los harapos y cantan.
Quién sabe si harán un pacto con las madreselvas,
y se lo llevarán,
entre varillas de azucena, al bosque
para coronarlo.

28 de noviembre de 1966

RATA

Venía del estiércol
trepando por un chorro de orina;
su cara tersa y mojada,
su ojos aterradamente viles.
Vino del caño de la letrina;
corría endiabladamente de las muertes
que habitaban el palo y las entrañas.
Una salpicadura miserable
me ofendía las piernas.
Luego, un susto me contrajo la carne.
Saltó y huyó, la cola larga y calva,
el bigote asqueroso,
mucilaginoso.
Yo no quise matarla porque estaba viva,
y era mi hermana,
la que más se me parece,
mi hermana la rata,
que se perdió de un brinco
en el vientre abierto de la cloaca.

Marzo de 1970.

MI ROSTRO

Mi rostro es un muro.
Lo espolvoreo de talco, lo lavo;
lo dejo morir surcado de coleópteros.
Y sigue siendo un muro.

Mi rostro es una nada
hecha de la carencia de miradas,
del idioma incoherente
con el que nos despedazamos,
un humo, el vuelo de una mosca.

Mi rostro es una piedra.

Cuando mi rostro es de agua
las sonrisas me saludan como pájaros.
Pero el agua pasa.
Y mi rostro es entonces de aire,
y sólo saben de él las hojas rotas...
que se caen al polvo.
Mi rostro es un hueco
y no puedo quitármelo.

17 de junio de 1981.

¿HIJO, TÚ...?

—¿Hijo, tú estás sufriendo?
(Era tu voz, mi madre, que me hablaba...
y tu mejilla y tu olor
y la ternura tibia de tus labios.
Yo me volvía mares y pantanos:
todas las estrellas caídas hundiéndose en mis aguas,
aguas sin tregua, madre sin contenes.)

—¿Eres tú, hijo?

                    (Casi el tacto de tu dedo
en medio de la hondura de la noche
serenando mi frente,
y yo, temblando y contrayendo el gaznate
que un dolor sin medida me torcía.
Me duelen, madre, mis huesos y tendones;
me duelen las coyunturas de la sangre;
me duele esta piedra hiriéndome en el pecho...
y estas fauces royéndome la espalda.)
¡T tú tan limpia como un jazmín mojado!

—¿Hijo, tú estás sufriendo?

17 de junio de 1981

HIJO MIO, TU VOZ

Hijo mío, tu voz,
qué limpia suena,
qué fragancia tan pura se adivina
cuando una madrugada de colmena
resonó por la estancia de mi oído.

Hijo mío, mi nuez,
en protegida barca al mar botada,
para bogar de luz sobre la espuma
hasta las playas de arenal dorado.

Hijo mío, mi fe,
temblor del escondido músculo sangrado,
diminuto cristal del gozo herido
por el que adoro en mi interior membrana.

Tú me sabes a Dios, como una espiga,
y en ti lo miro a El, que me malcría,
y soy por ti una fuente derramada
que a la fuente de fuentes te convida.

Miami, 17 de julio de 1986.

PA' QUERERTE, CUBA; PA' QUERERTE

Pa' quererte, Cuba; pa' quererte,
como almohadilla de bálsamo y lisura,
como a una bestia madre en cuyo vientre
se preservó la santa calentura,
como a una hija doncella
para ofrecerla en las consagraciones.

Tierra febril y mansa, greda mía
tan perforada de música y almíbar,
tan de palmares coronada
que un suero de martirios te sustenta.

Vino en el viento el hacha
para tajar la carne improtegida.
Vino como un claror de madrugada,
fucilazo imprevisto, ave furtiva.
Y me quedé buscando por el suelo
donde sin hallar tierra pisé espinas,
y fue tu voz quien sonsacó mi oído,
y yo fui luego al sol,
los labios encendidos,
musitando tu nombre como un cielo,
en tu piedra frotando mi mejilla.

Ya llegaré en un curso de agua clara
a tu verano fuerte sin sombrilla,
y las gaviotas de la playa
me cubrirán el aire de gemidos.

Ya llegaré de luz por la mañana
a mi cabeza hundir en tus jazmines
para en mi paz al fin rendir la huella.

Nueva York, abril de 1987.

YO QUIERO IRME PARA MI CASA, HIJO

—Yo quiero irme para mi casa, hijo.
  ¿Cuándo nos vamos?

—Ya no tenemos casa, madre.
  Se la llevó el viento
  y dispersó las tablas por la arena.

—¡Cómo se demora padre!
  ¿Qué pensará para venir?

—Ya padre no regresa, madre,
  En las zarzas se enredó su bufanda
  y en el barro se le atascaron las botas.

—¿Entonces qué hacemos tú y yo?
  Este lugar no es el nuestro.
  Pasó la hora de la cena
  y las gentes se han recogido a dormir.

—Madre, no hables
  que ya en el jardín el viento
  ha desprendido las campanas
  y ha empezado a llover sobre la fuente.

—Hijo, ¿dónde estás
que mis ojos no pueden hallarte?
Tiendo las manos y se me escapa tu cuerpo.

—Madre, ya estoy tan lejos;
  donde el amor y los pájaros
  se mueren en los alambres.

—Hijo, ... ¿te vas?

                    —Ya vuelvo
  Deja encendida la luz
  por si regreso demasiado tarde.

Nueva York, abril de 1987.

INDICE

*Este libro se terminó de imprimir
el 20 de mayo de 1988.*

editorial **BETANIA**
Apartado de Correos 50.767
28080 Madrid. ESPAÑA.

CATALOGO

● **COLECCION BETANIA DE POESIA. Dirigida por Felipe Lázaro:**

— *Para el amor pido la palabra,* de Francisco Alvarez-Koki, 64 pp., 1987.
— *Piscis,* de José María Urrea, 72 pp., 1987.
— *Acuara Ochún de caracoles verdes (Poemas de un caimán presente), Canto a mi Habana,* de José Sánchez-Boudy, 48 pp., 1987.
— *Los muertos están cada día más indóciles,* de Felipe Lázaro, 40 pp., 1987.
— *Oscuridad Divina,* de Carlota Caulfield, 72 pp., 1987.
— *Trece Poemas,* de José Mario (en preparación).
— *El Cisne Herido y Elegía,* de Luis Ayllón Carrión y Julia Trujillo, 208 pp., 1988.
— *Don Quijote en América,* de Miguel González, 104 pp., 1988.

● **COLECCION ANTOLOGIAS:**

— *Poetas Cubanos en España,* de Felipe Lázaro. Prólogo de Alfonso López Gradoli, 176 pp., 1988.
— *Poetas Cubanos en Nueva York,* de Felipe Lázaro. Prólogo de José Olivio Jiménez, 264 pp., 1988.
— *Poetas Cubanos en Miami,* de Felipe Lázaro (en preparación).
— *Poesía Chicana,* de José Almeida (en preparación).

● **COLECCION DE ARTE:**

— *José Martí y la pintura española,* de Florencio García Cisneros, 120 pp., 1987.

● **COLECCION ENSAYO:**

— *Los días cubanos de Hernán Cortés y su lucha por un ideal,* de Angel Aparicio Laurencio, 48 pp., 1987.

● **EDICIONES CENTRO DE ESTUDIOS POETICOS HISPANI-COS. Dirigida por Ramiro Lagos:**

— *Oficio de Mudanza,* de Alicia Galaz-Vivar Welden, 64 pp., 1987.
— *Canciones Olvidadas,* de Luis Cartañá (6.ª edición en preparación).

● **COLECCION CIENCIAS SOCIALES. Dirigida por Carlos J. Báez Evertsz:**

— *Educación Universitaria y Oportunidad Económica en Puerto Rico,* de Ramón Cao García y Horacio Matos Díaz, 216 pp., 1988.

● **COLECCION PALABRA VIVA:**

— *Conversación con Gastón Baquero,* de Felipe Lázaro, 40 pp., 1987.